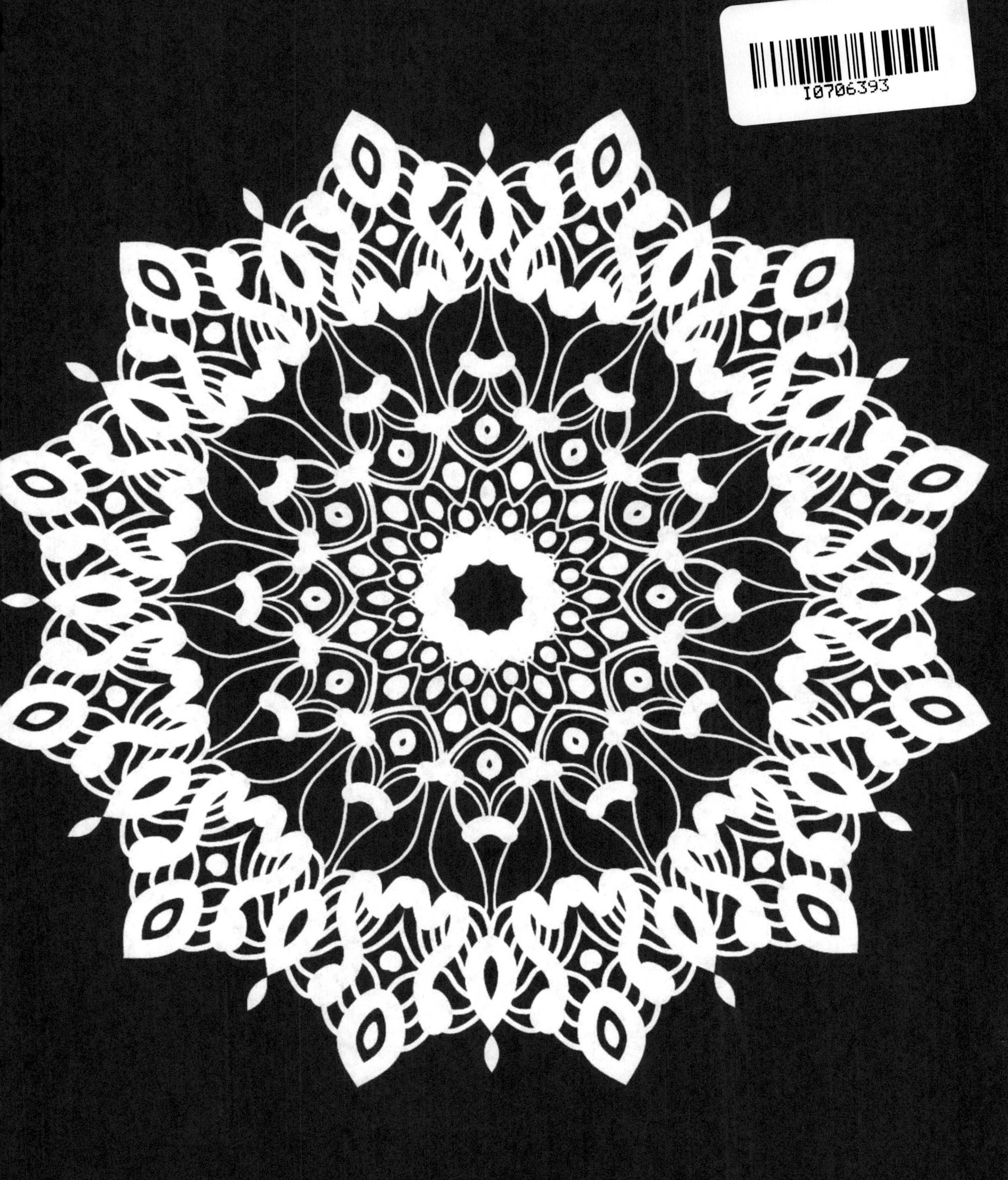

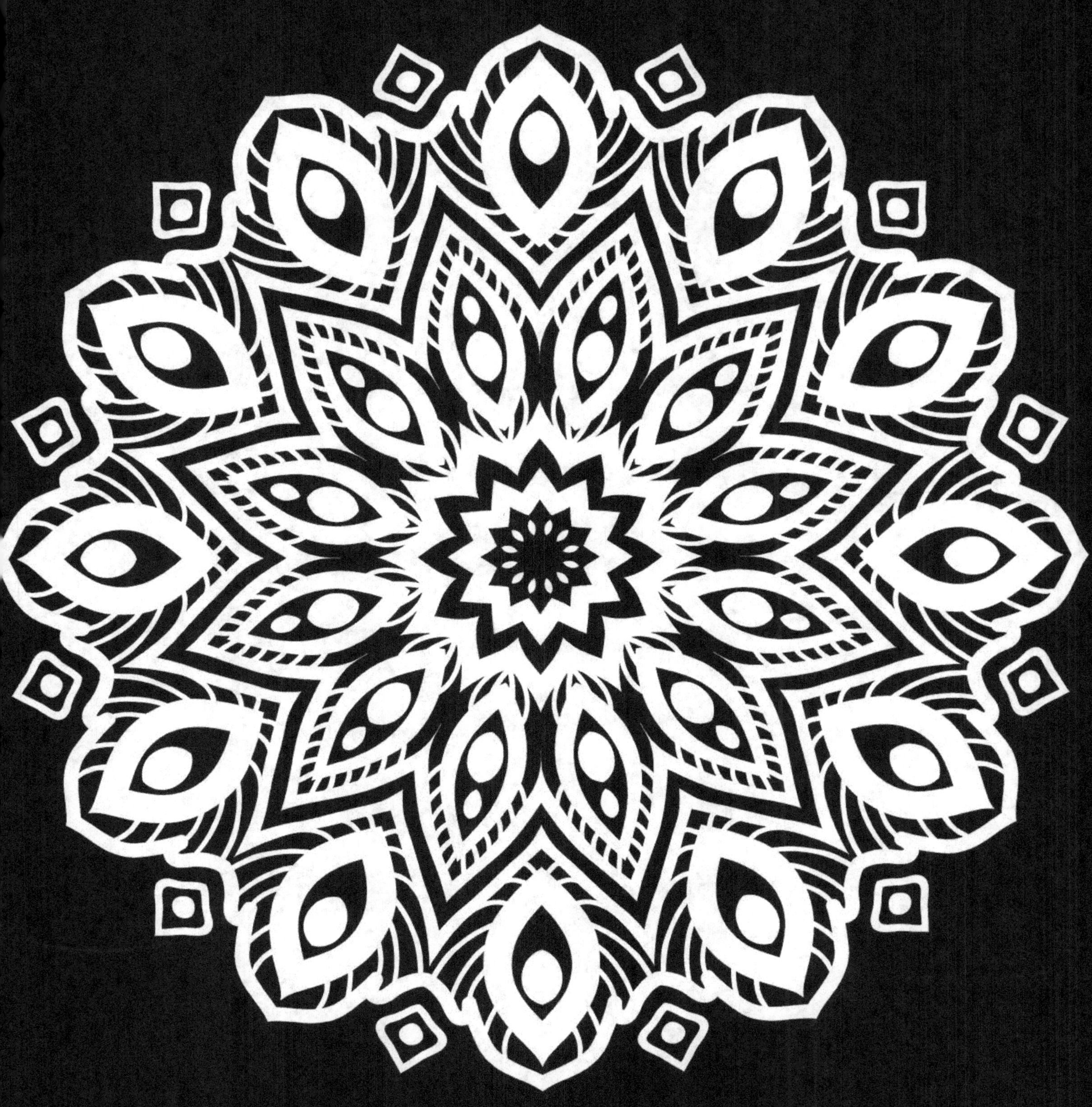

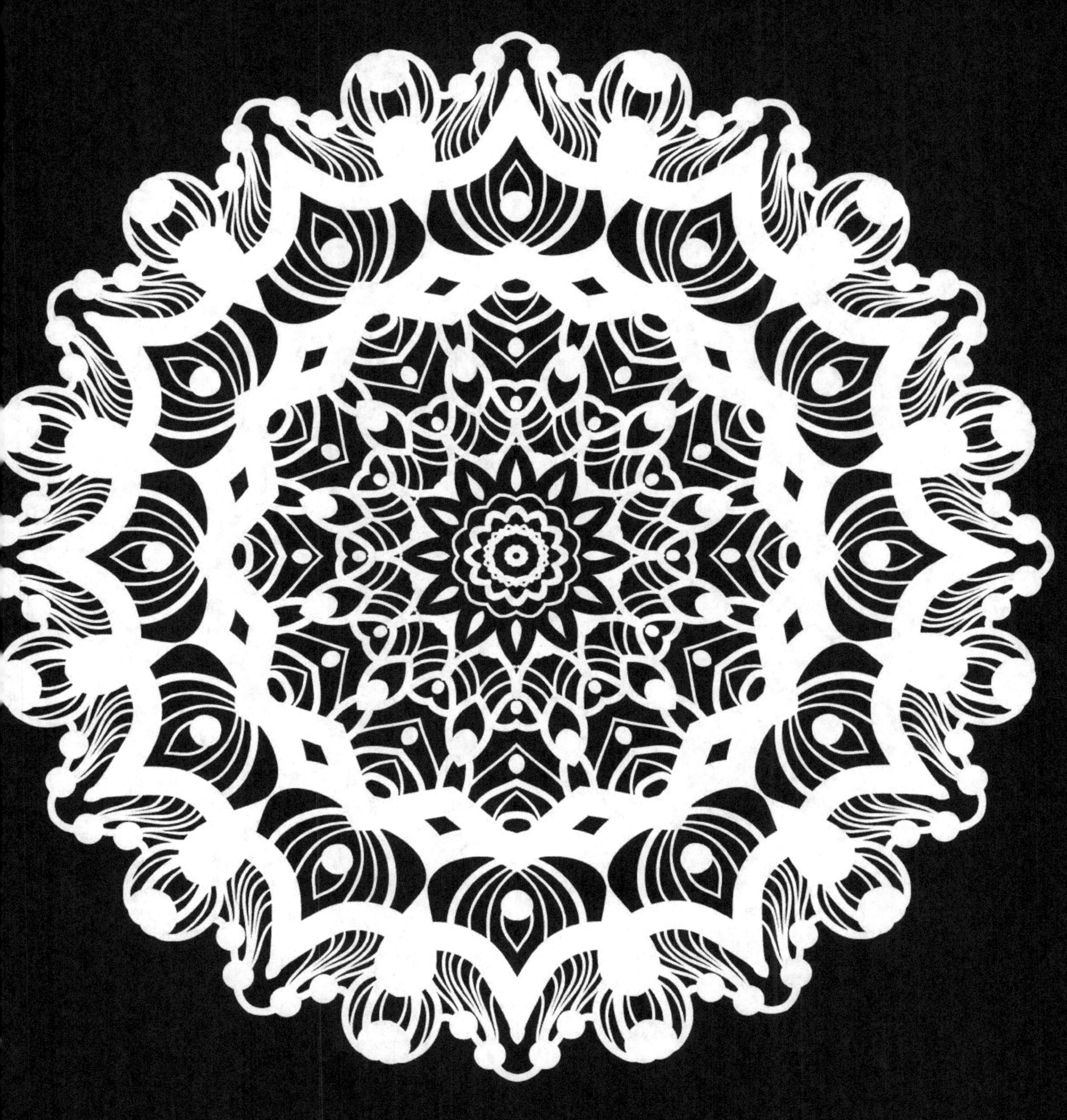

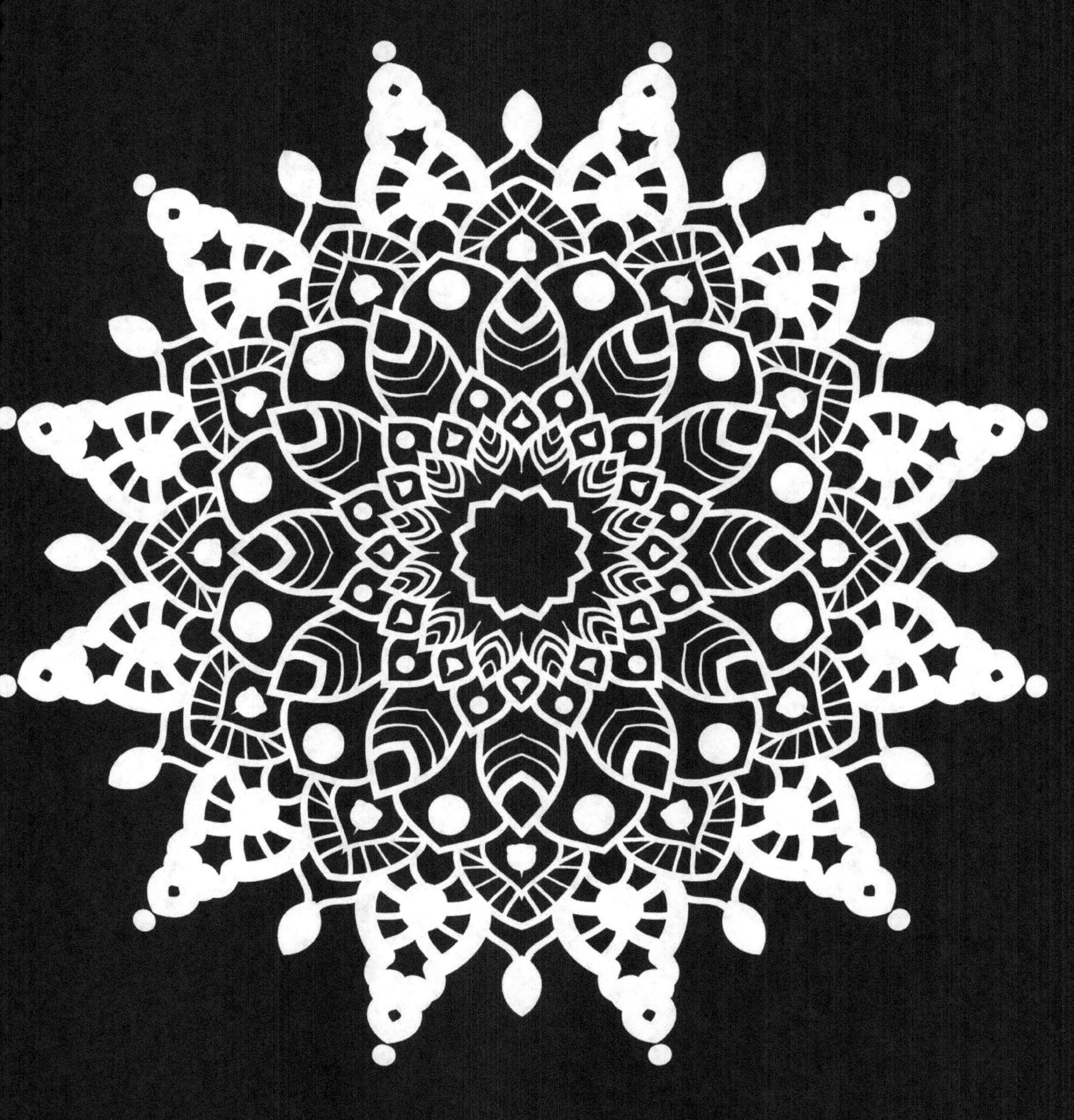

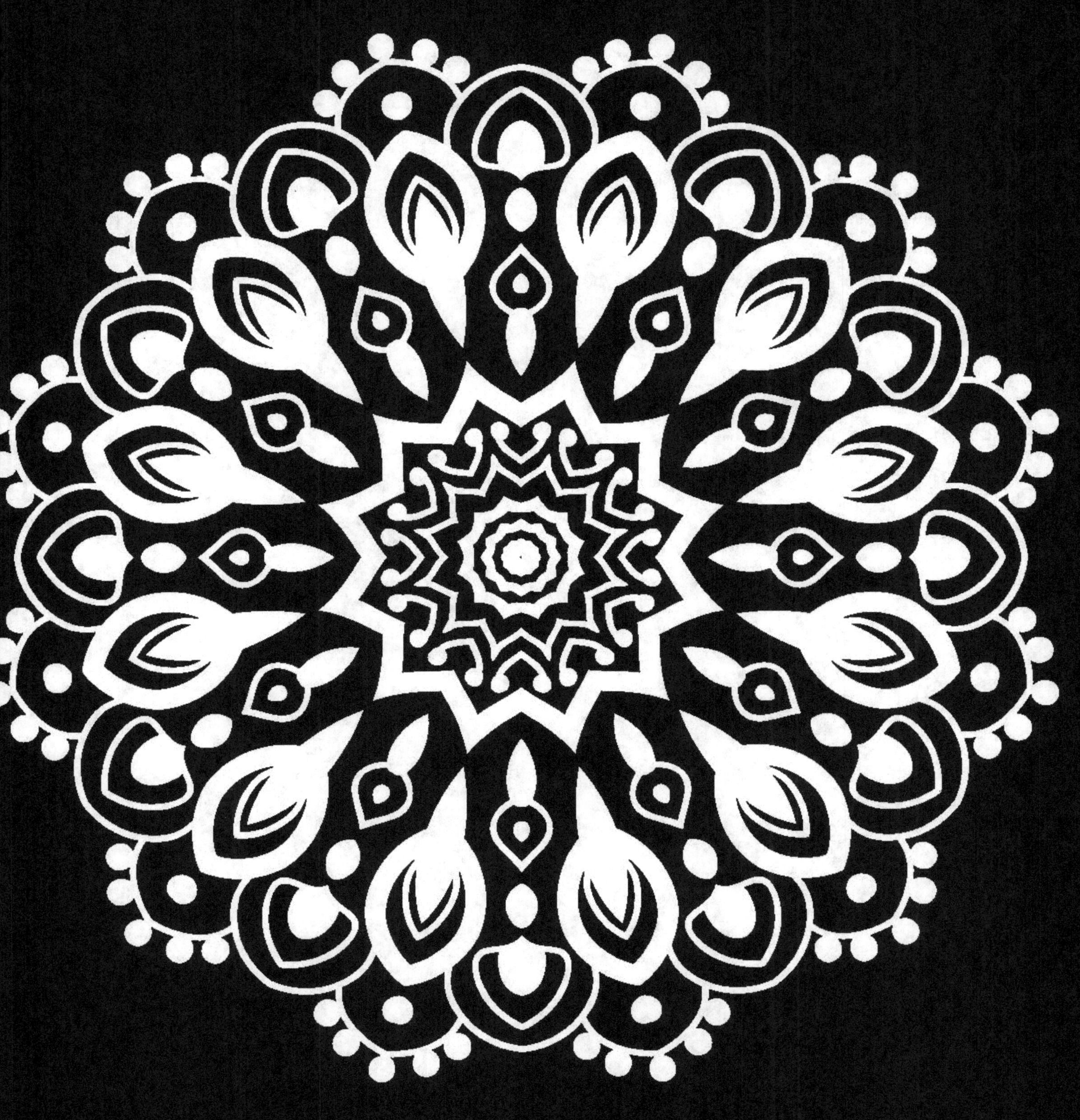

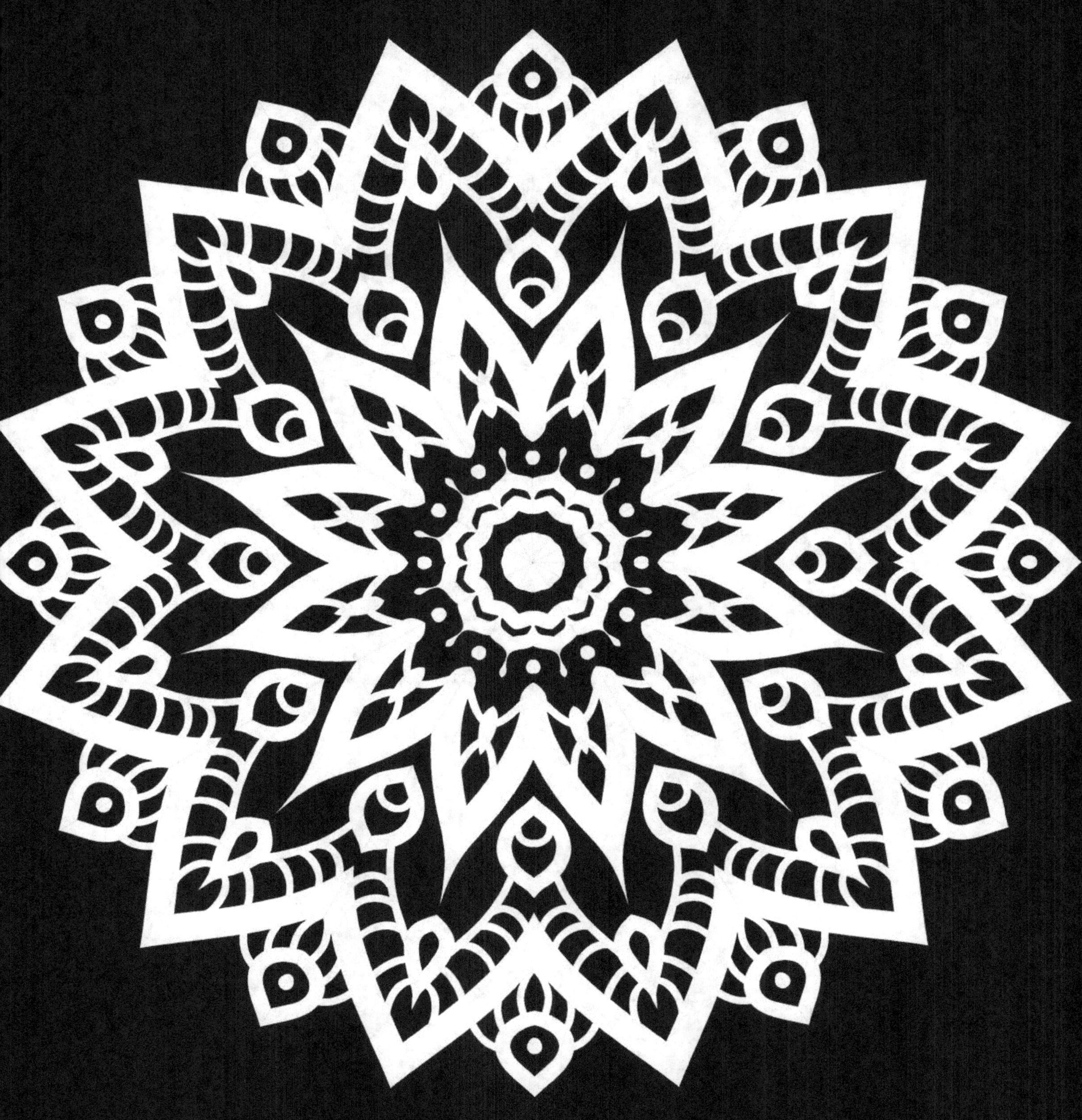

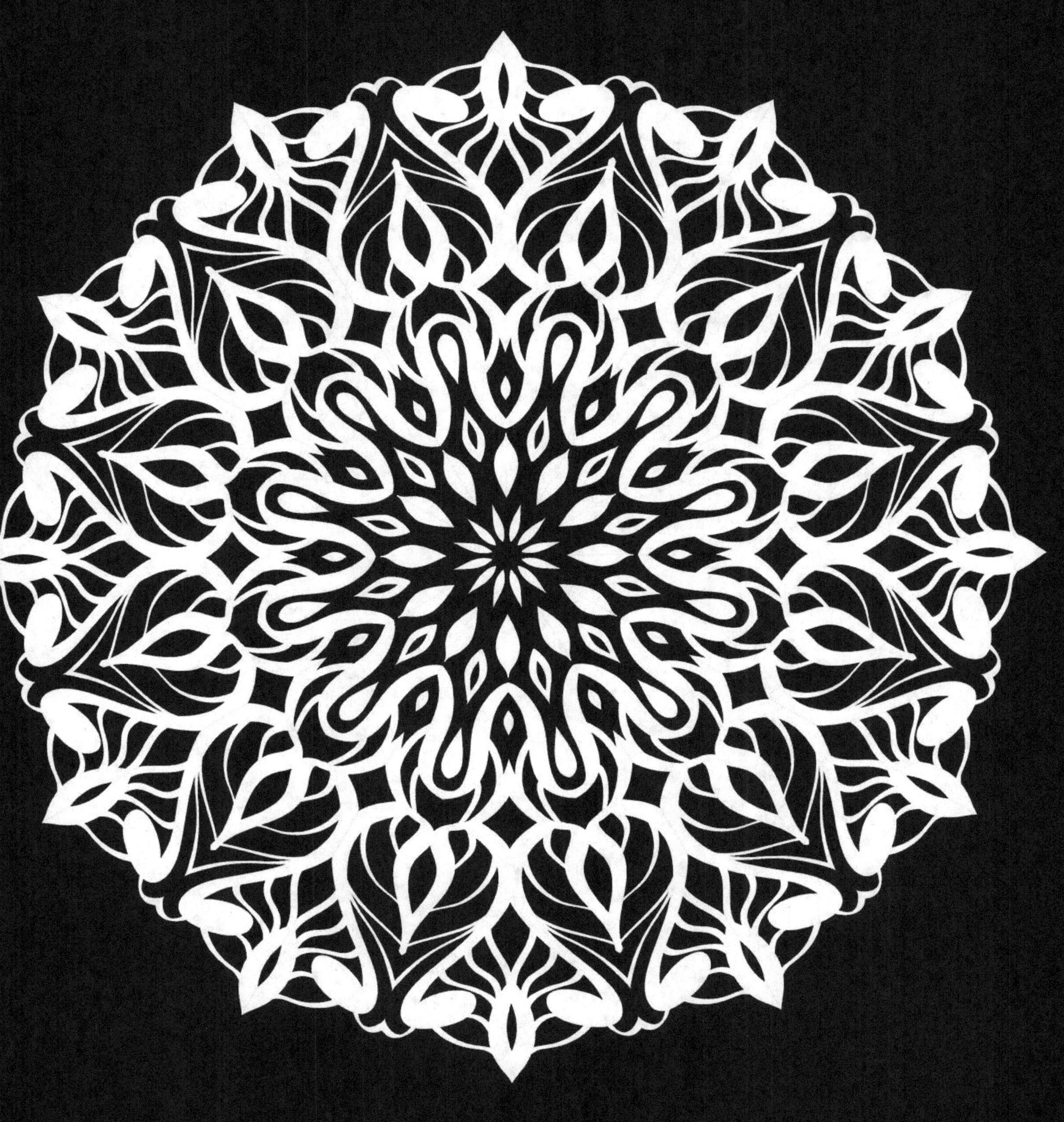

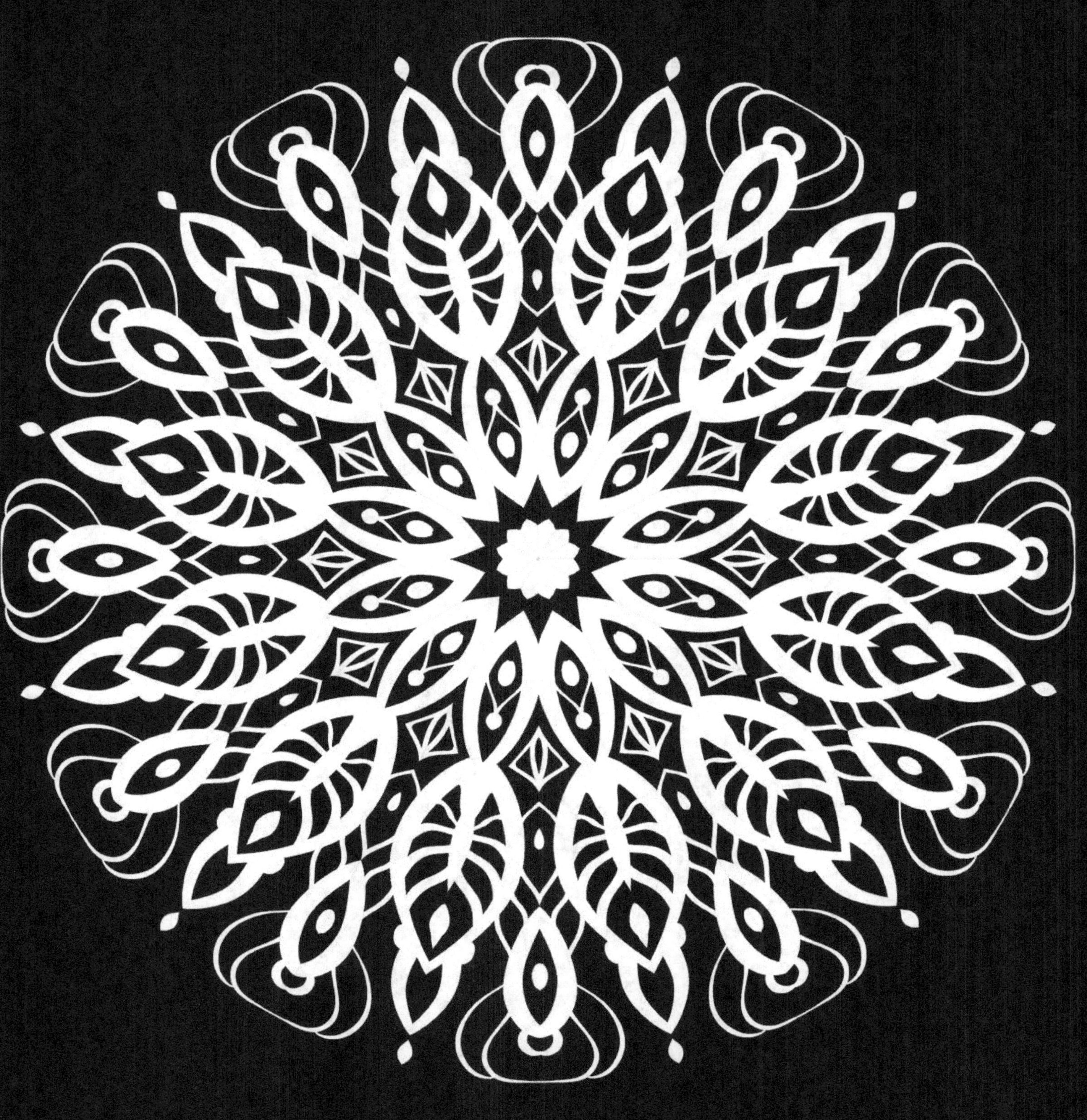

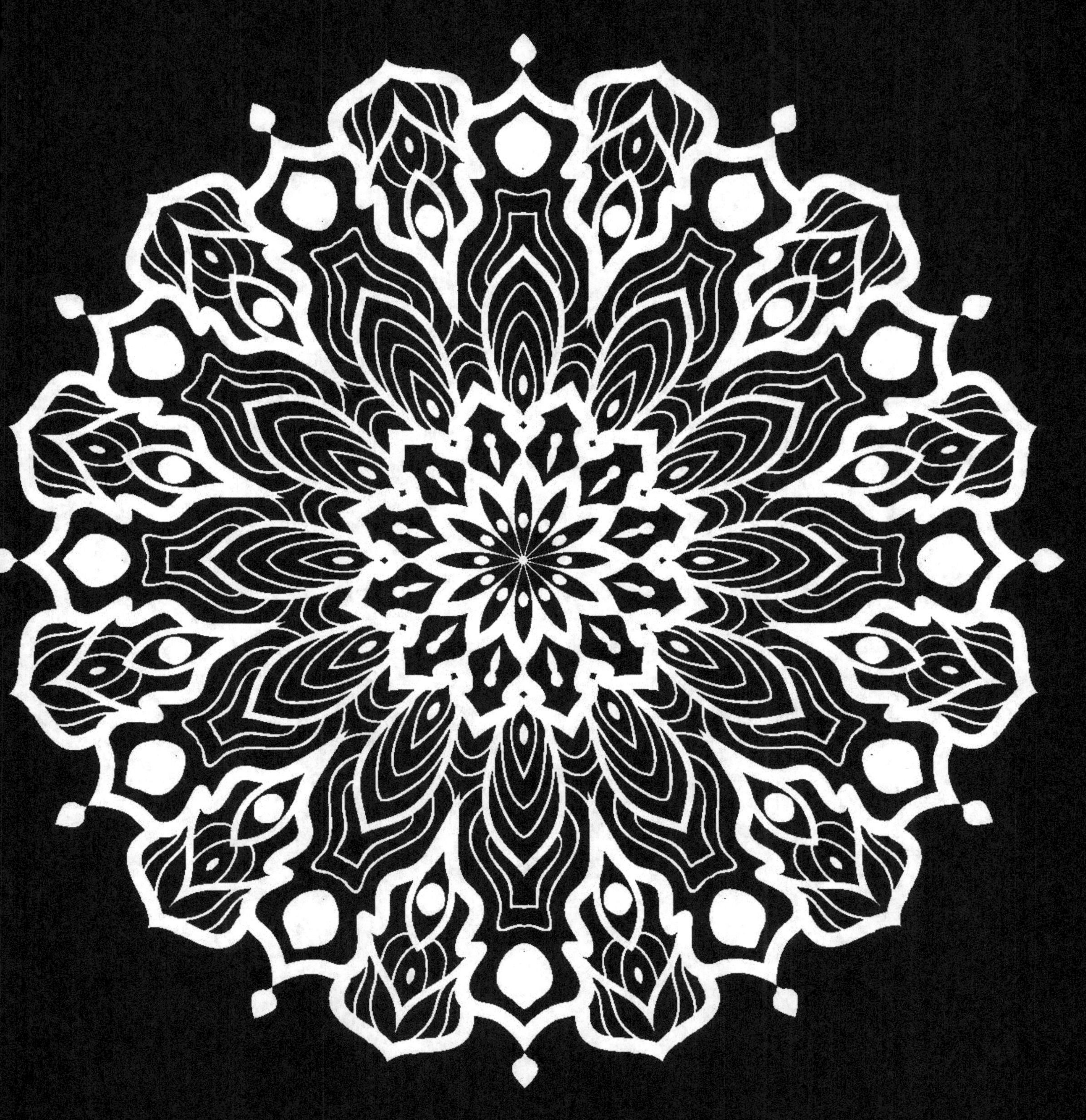

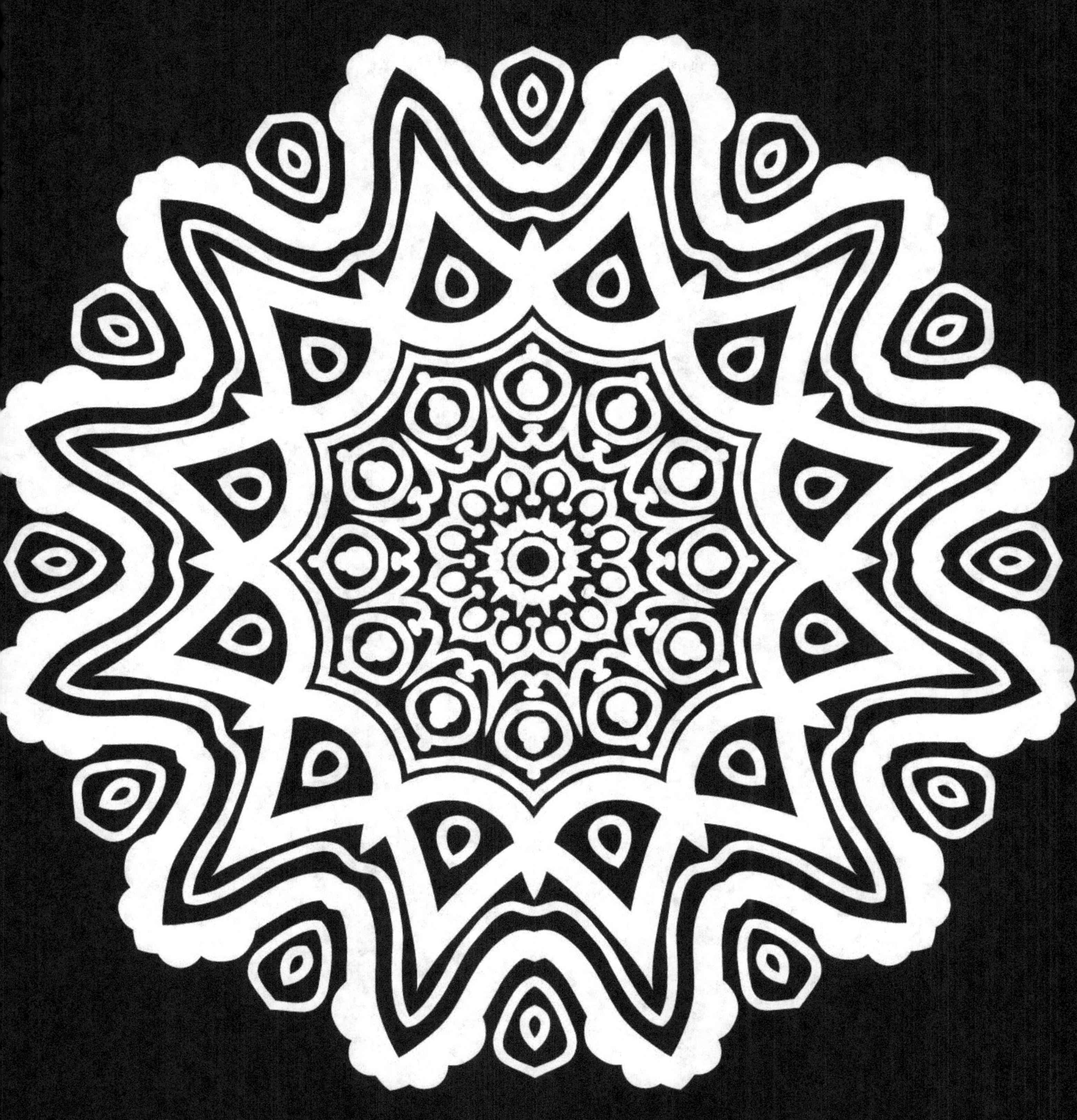

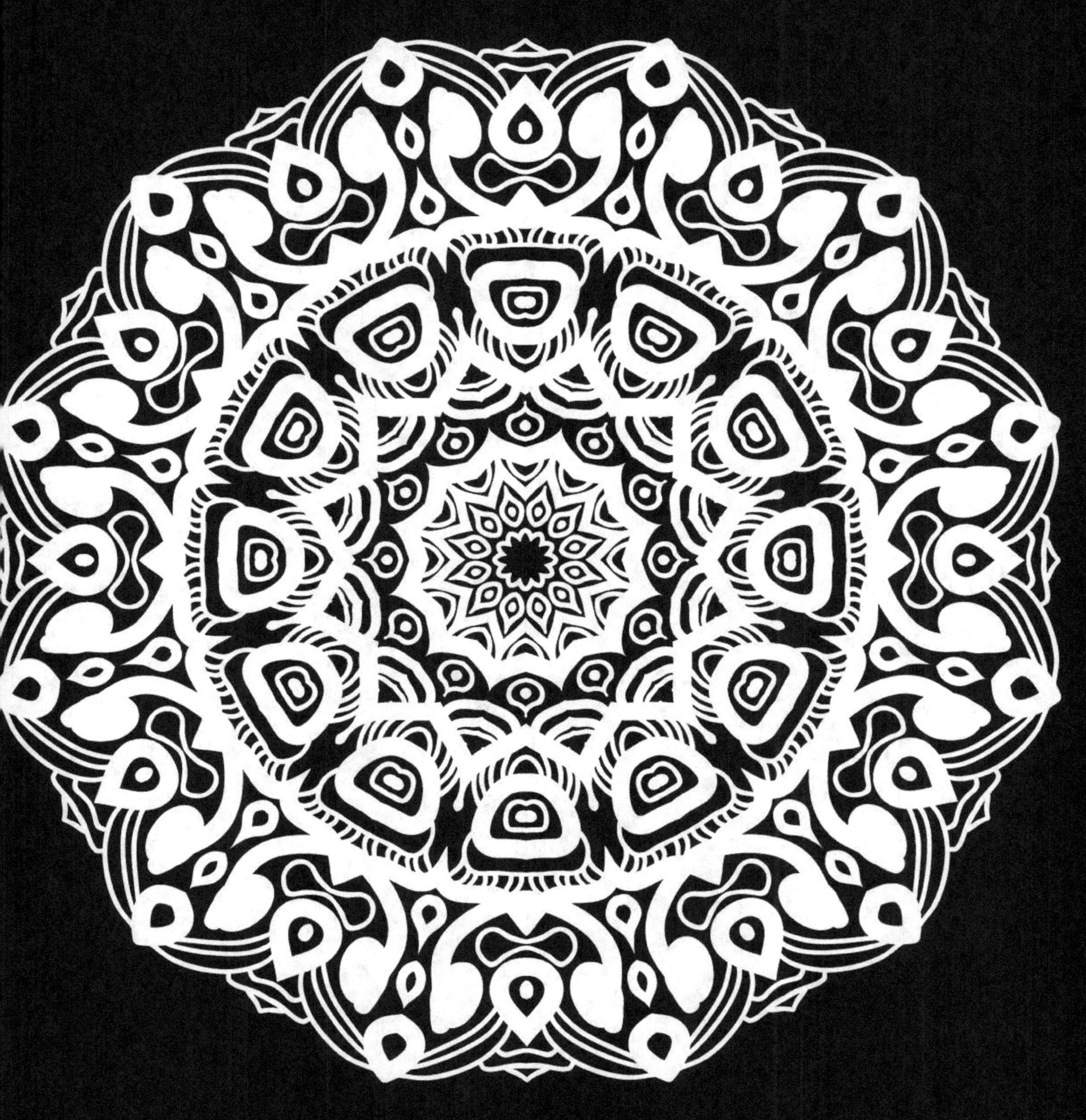

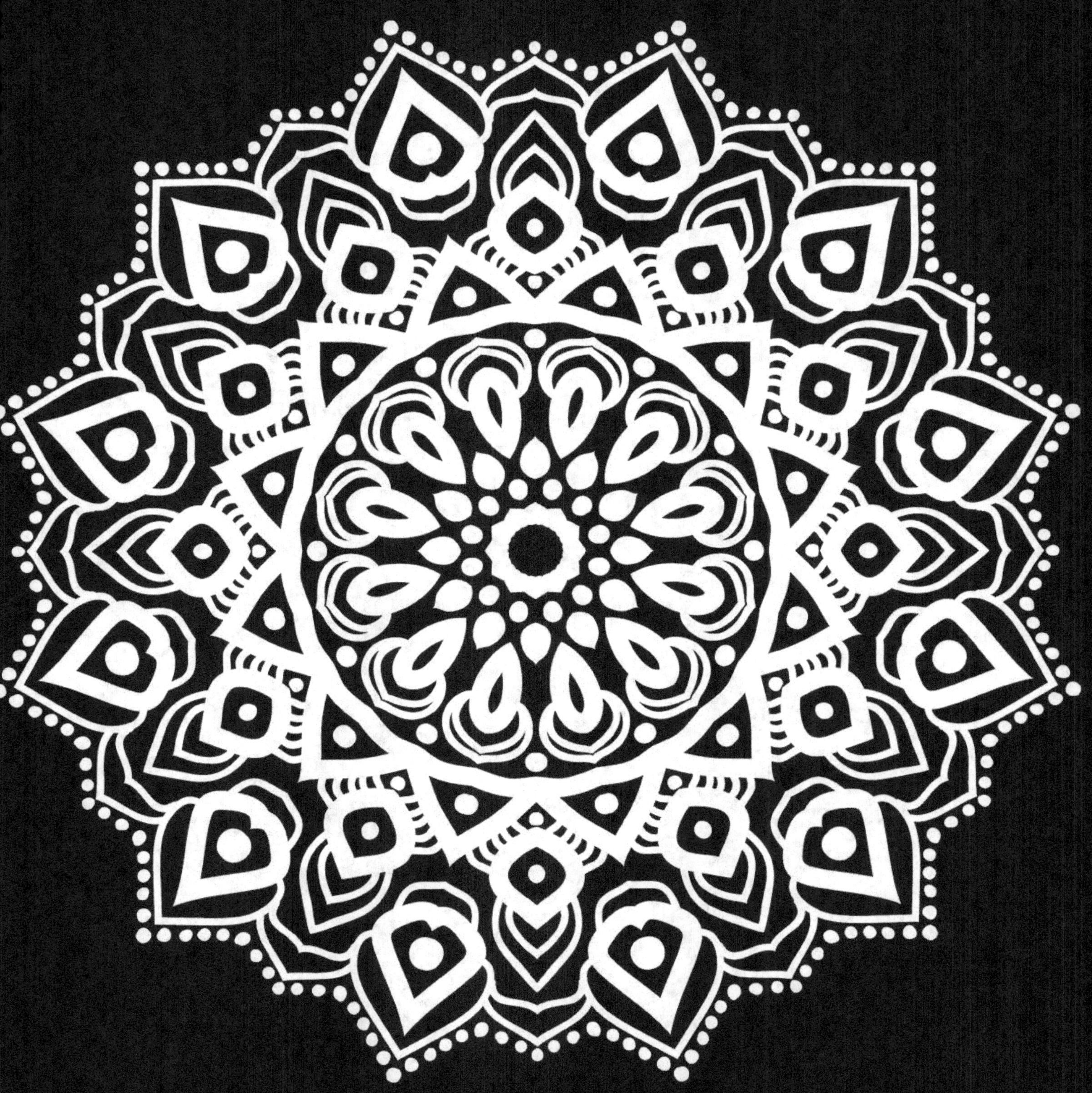

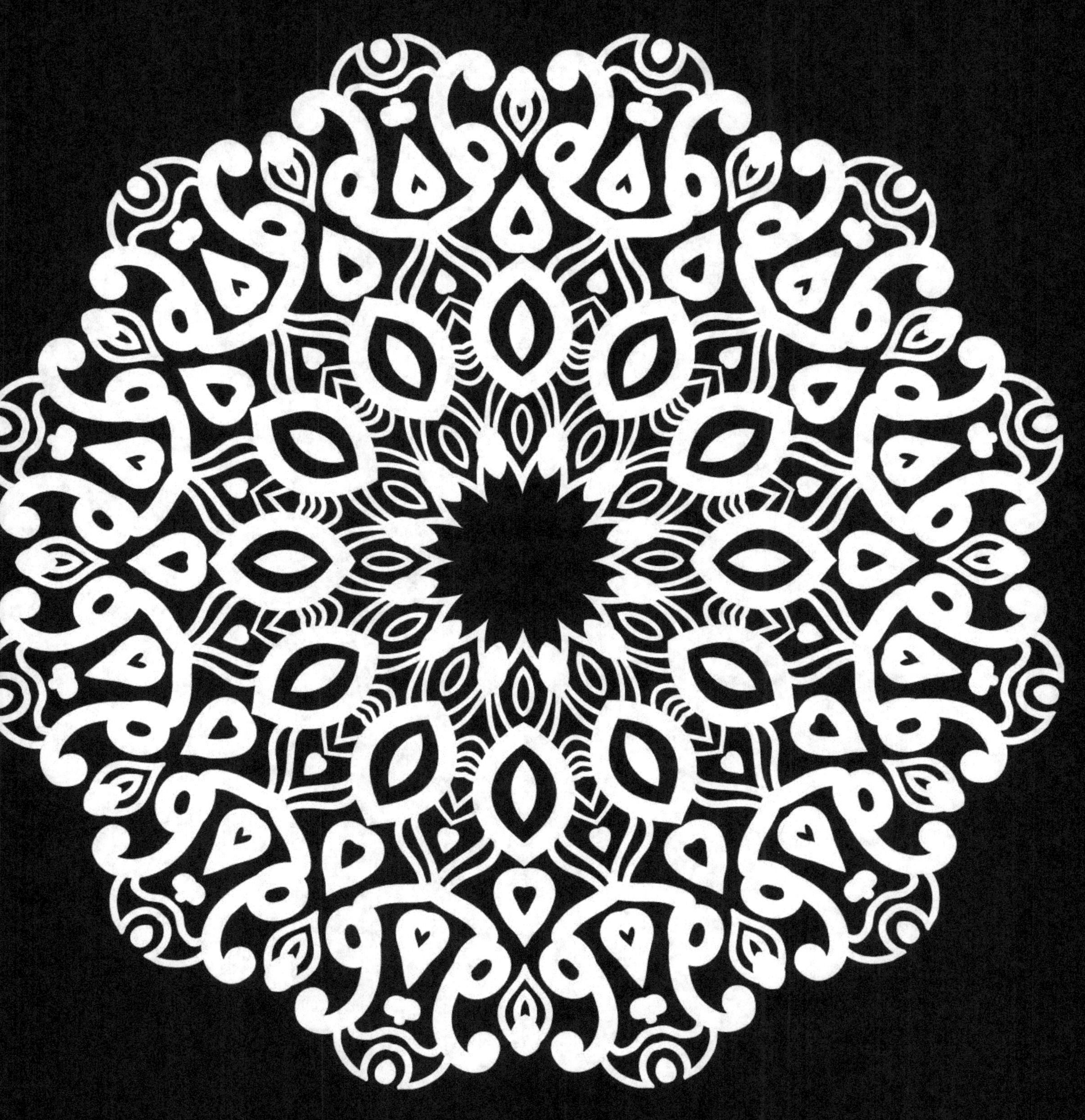

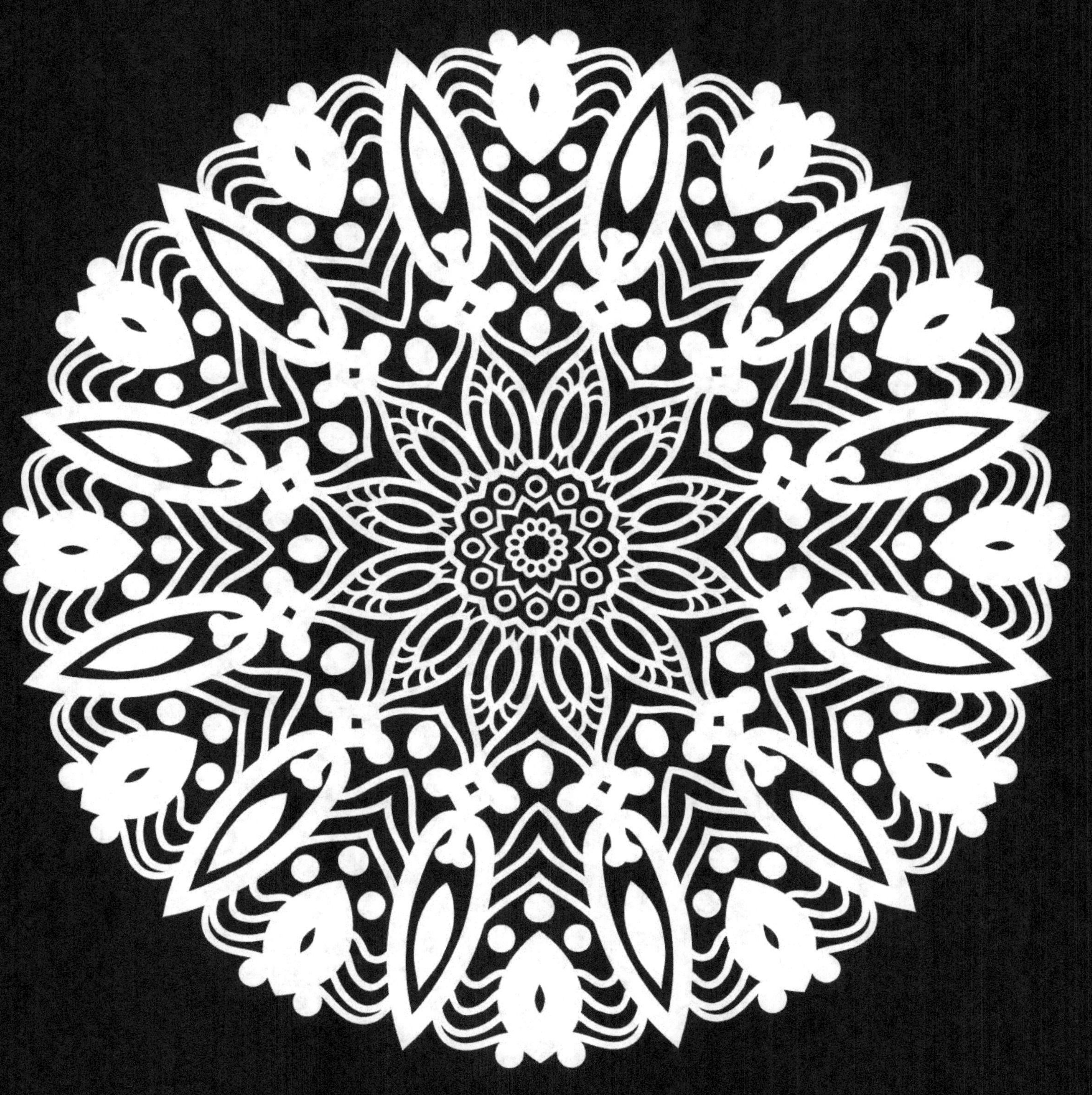

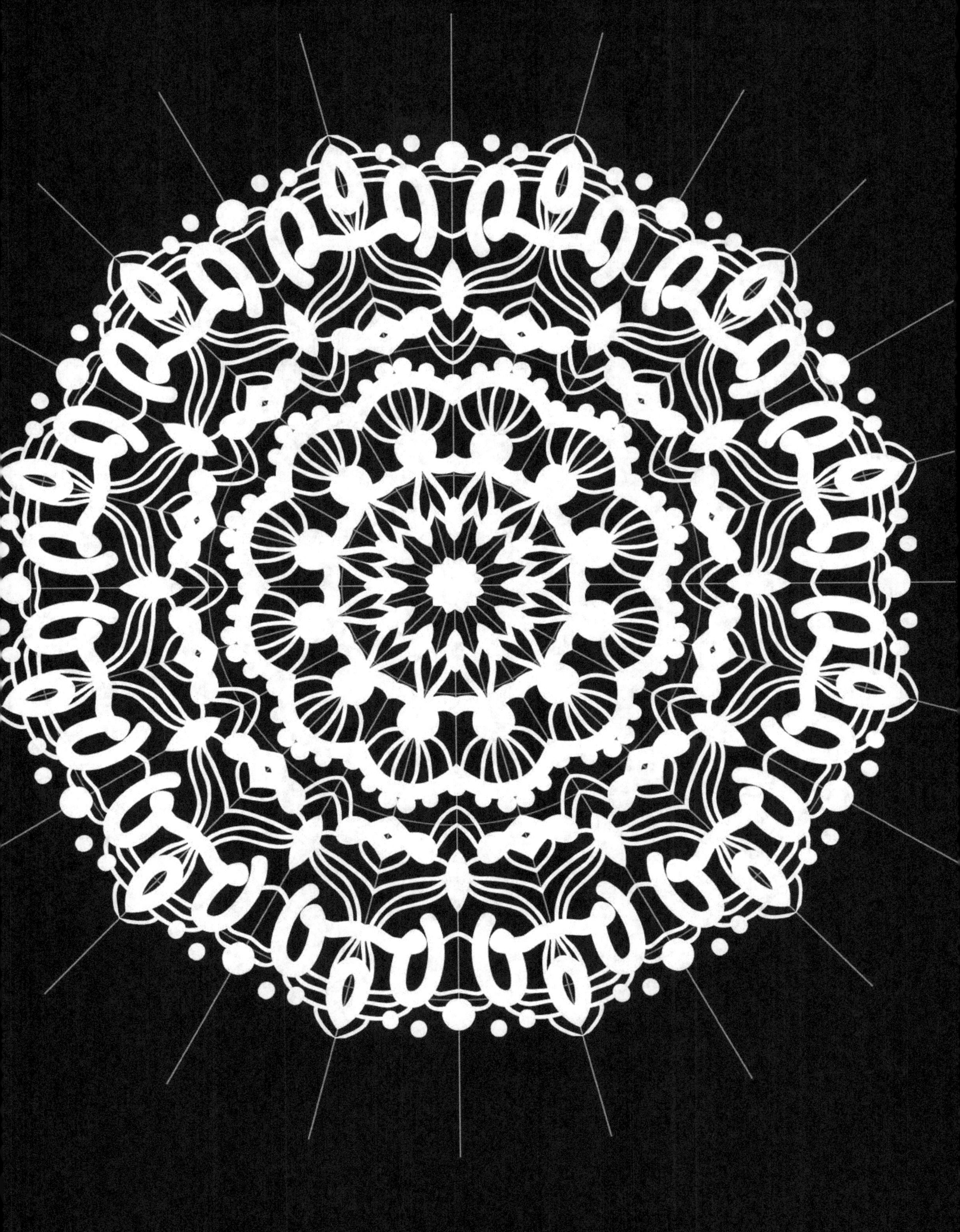

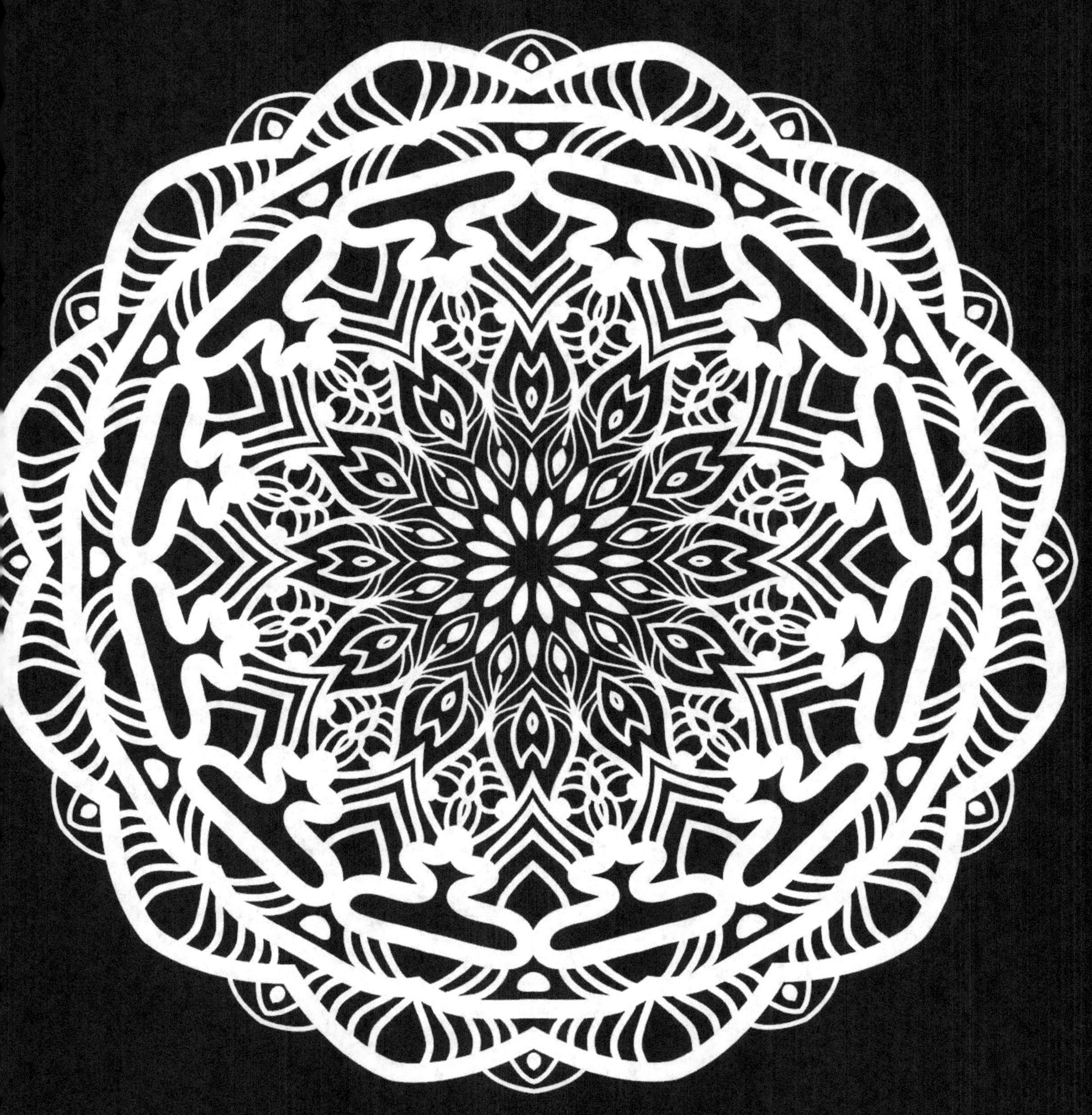

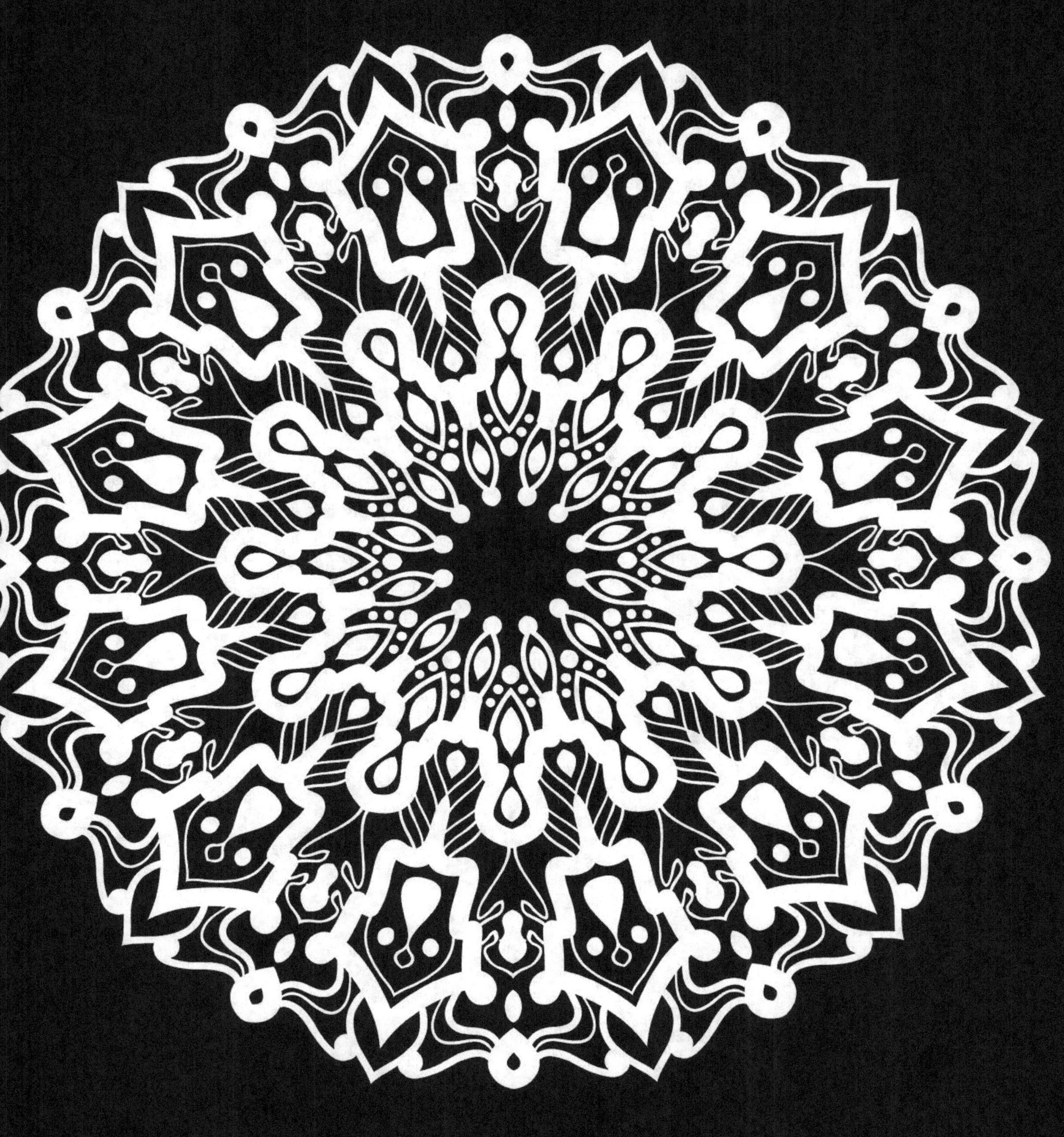

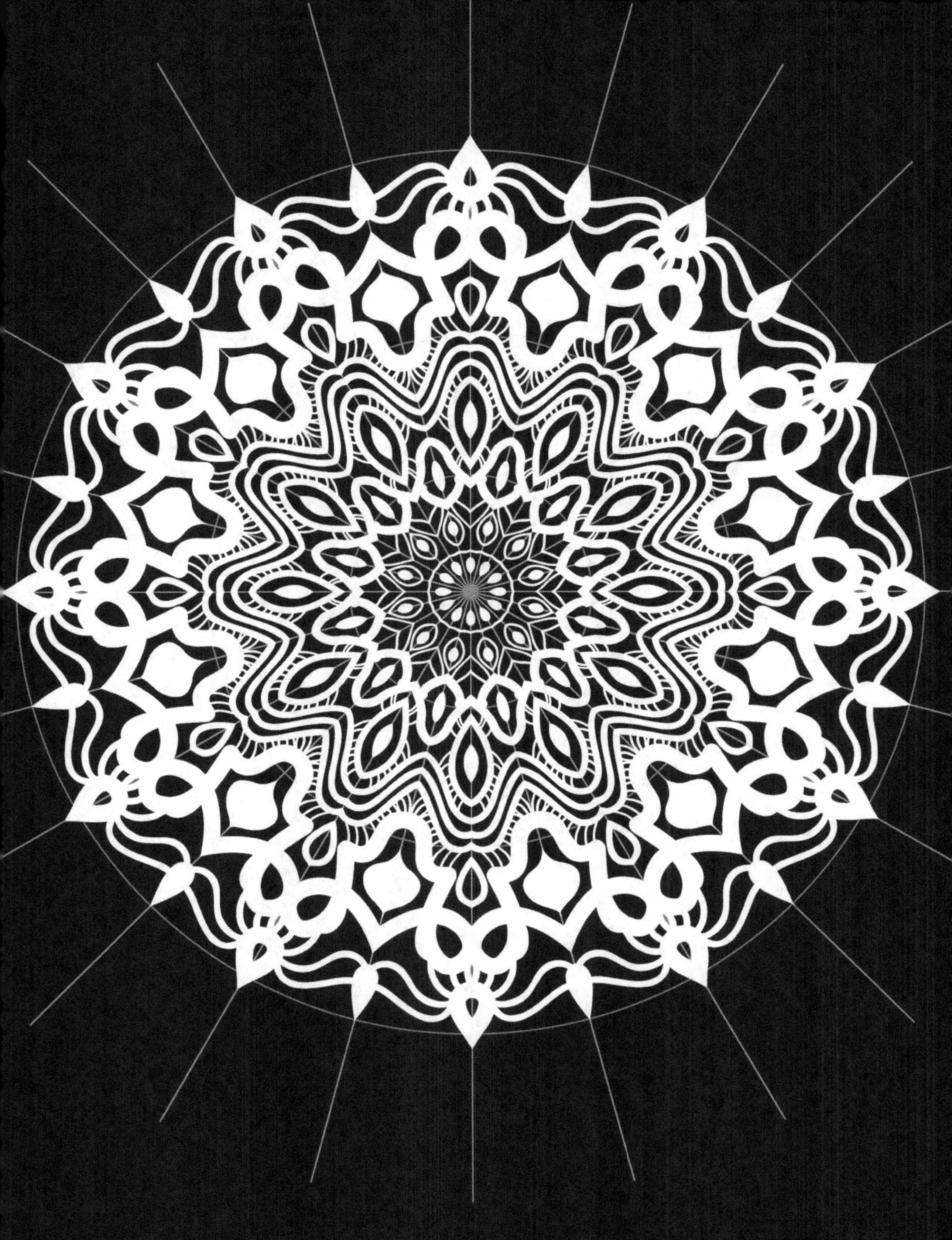

EDWARD RAMOS

www.facebook.com/eramos.ph

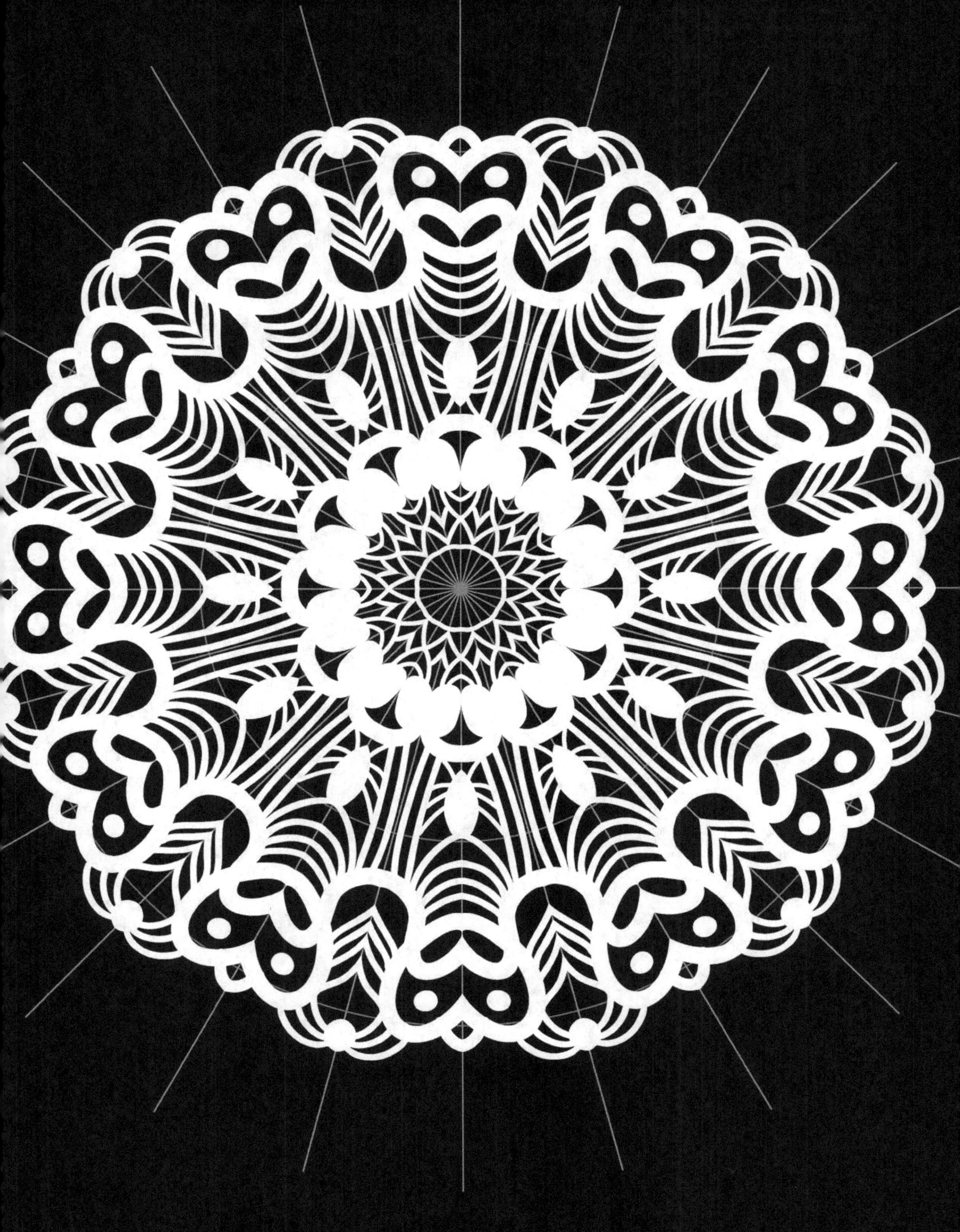

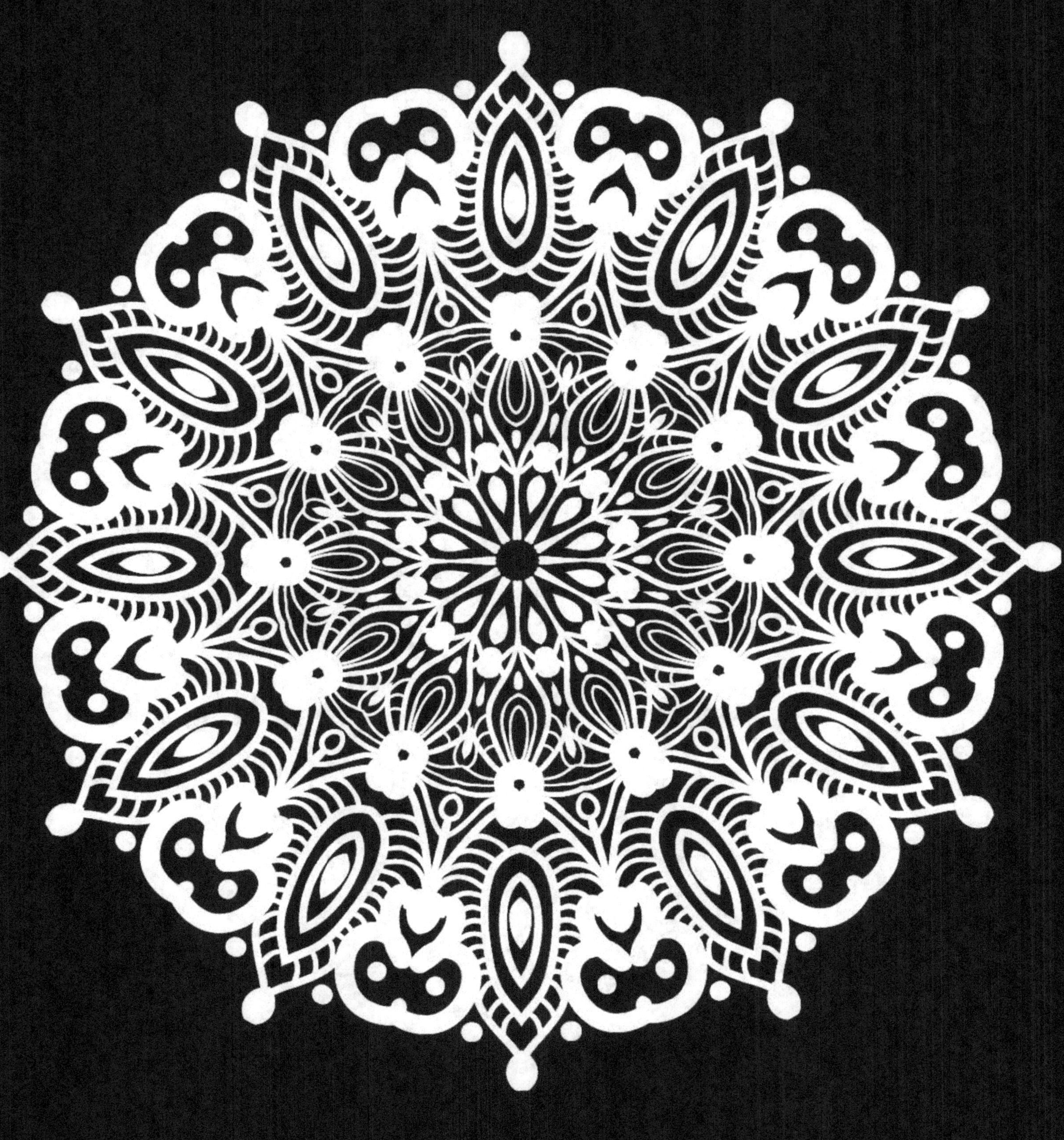

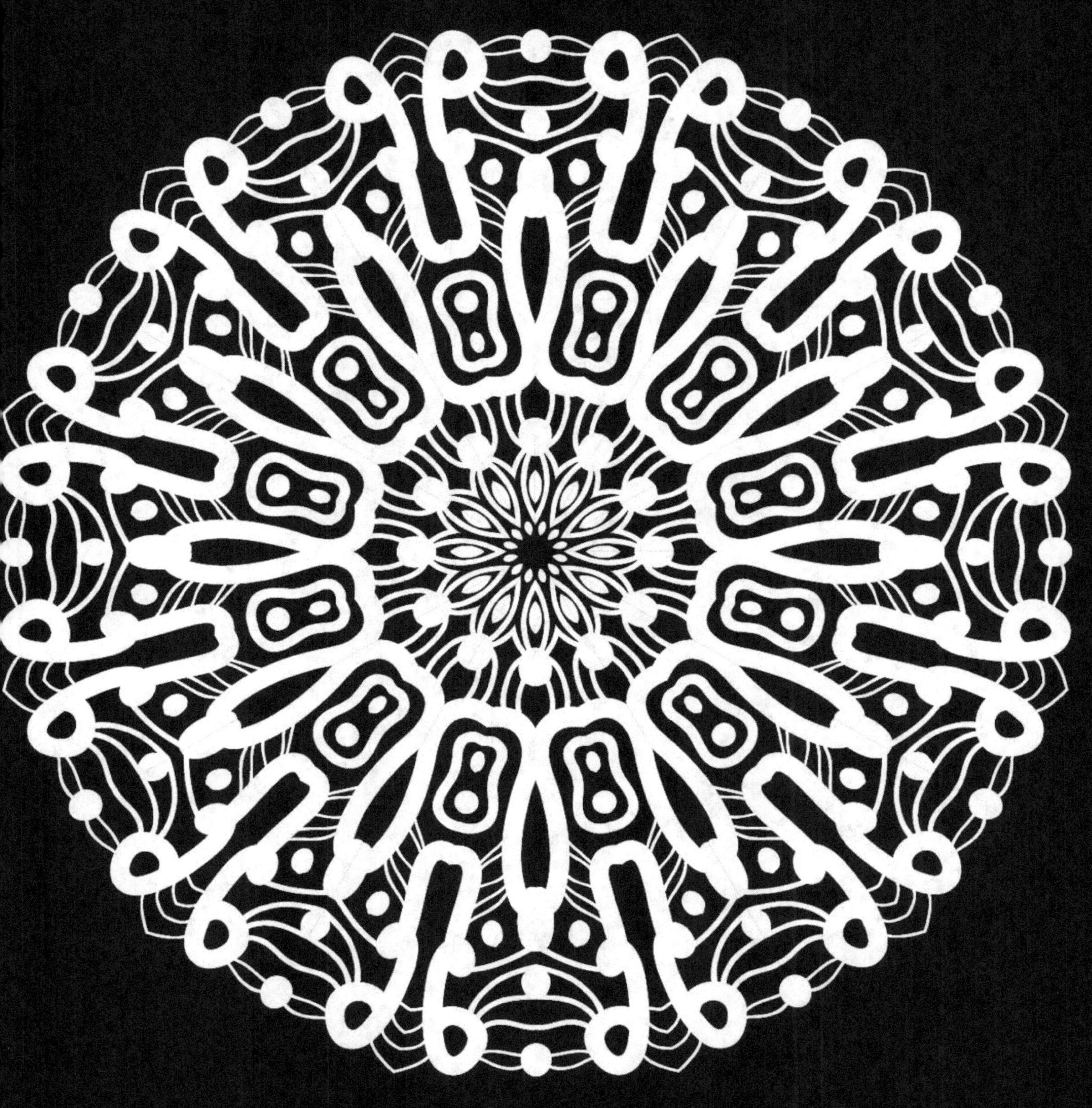

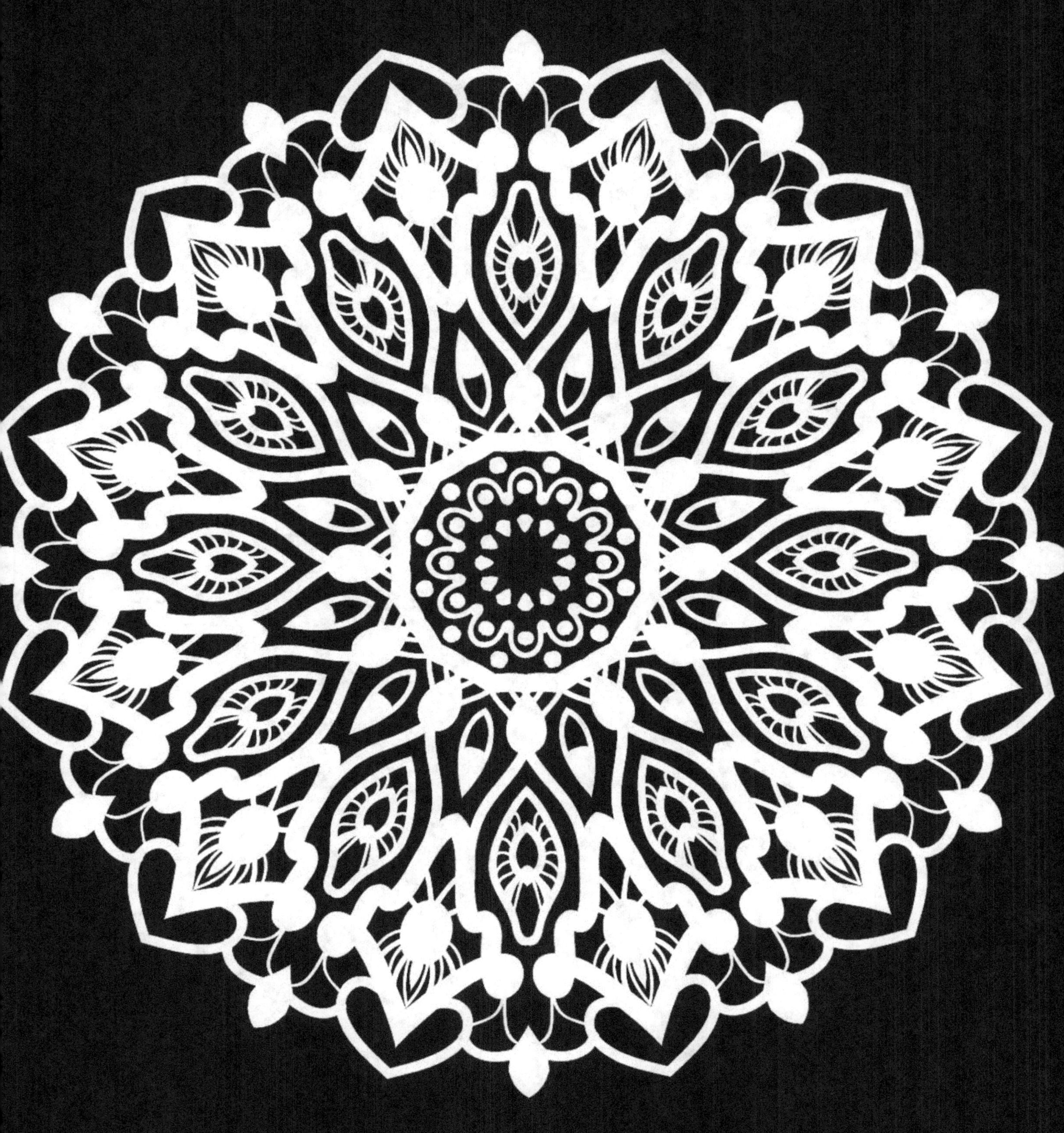

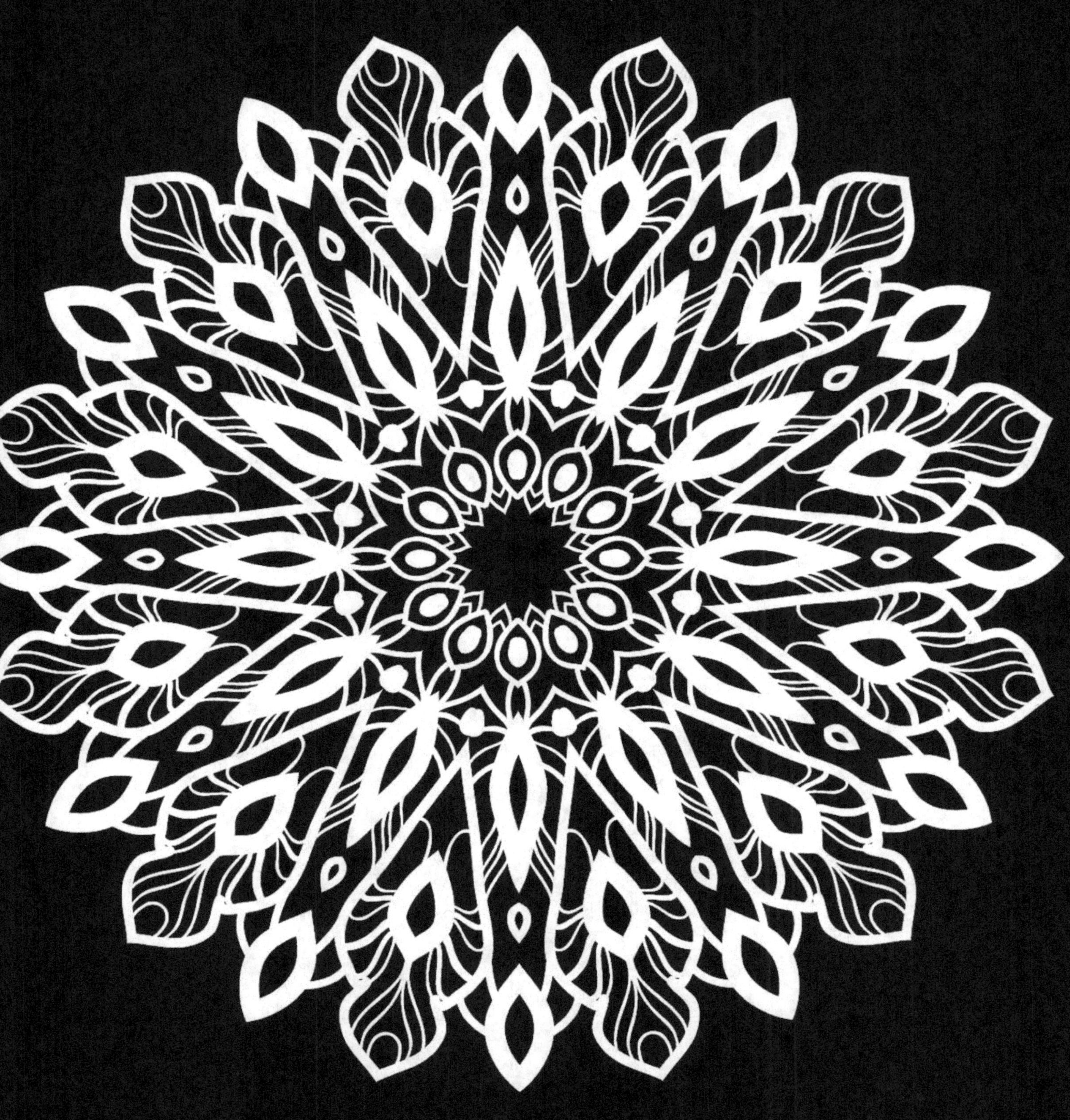

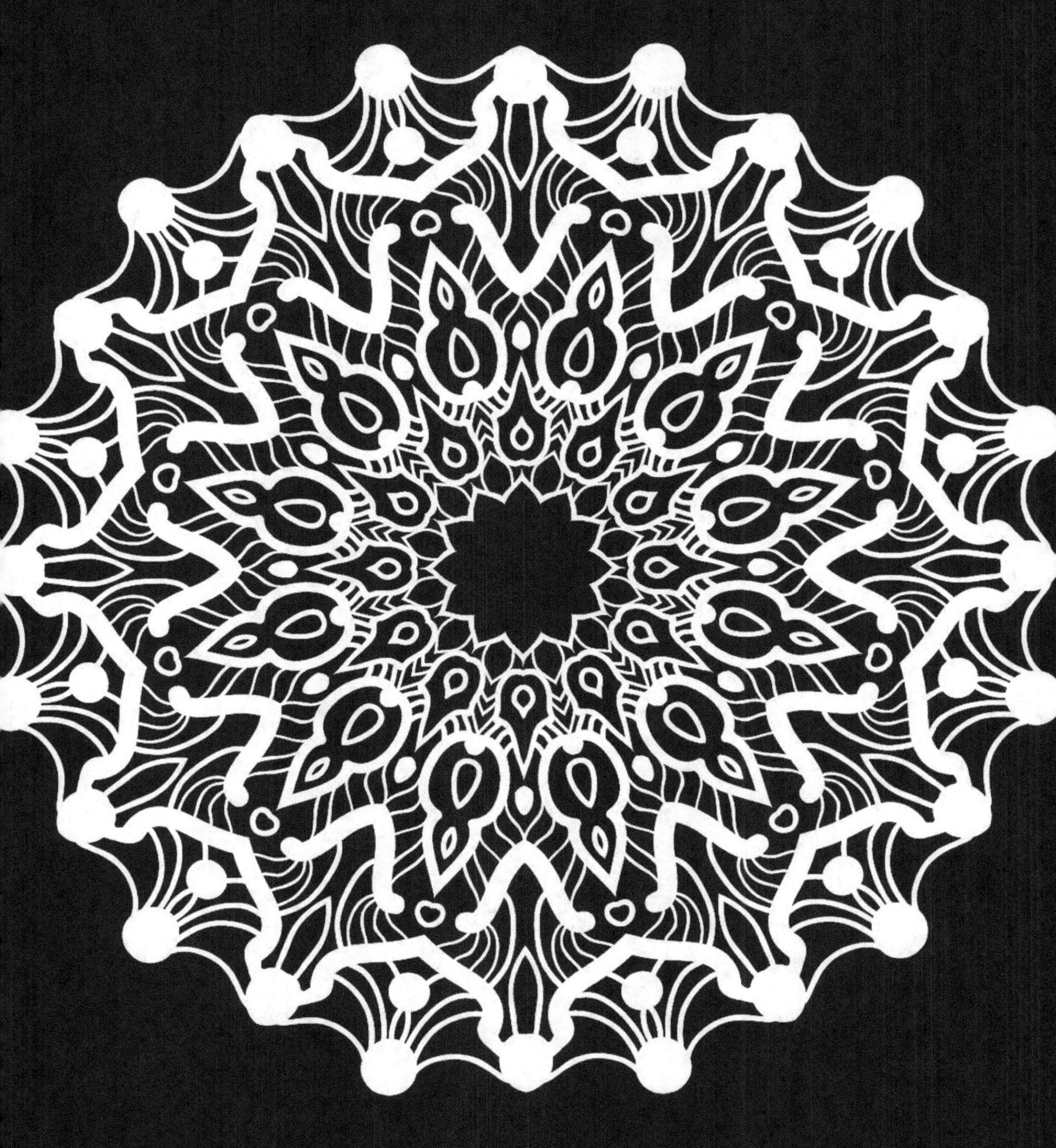

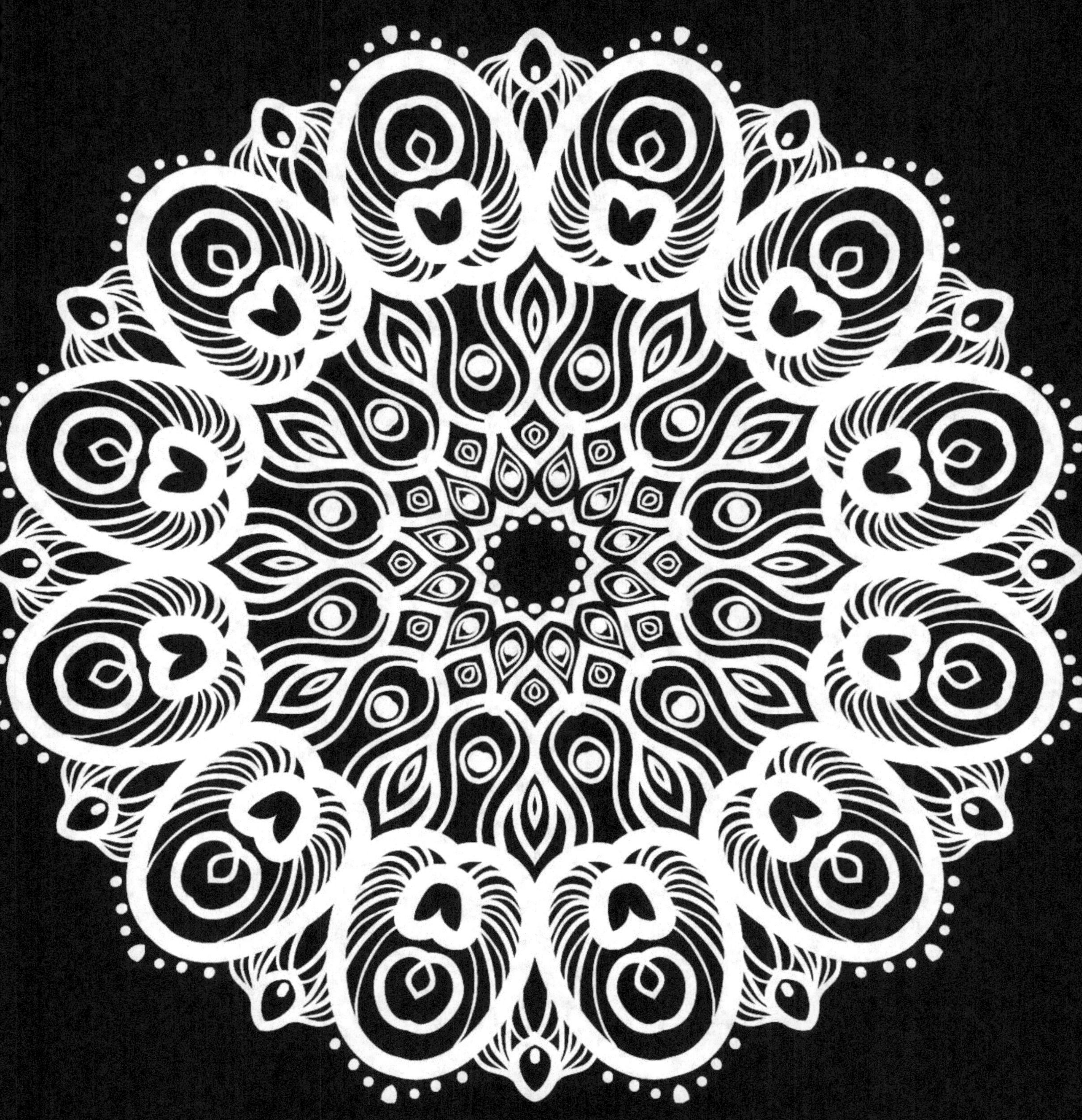

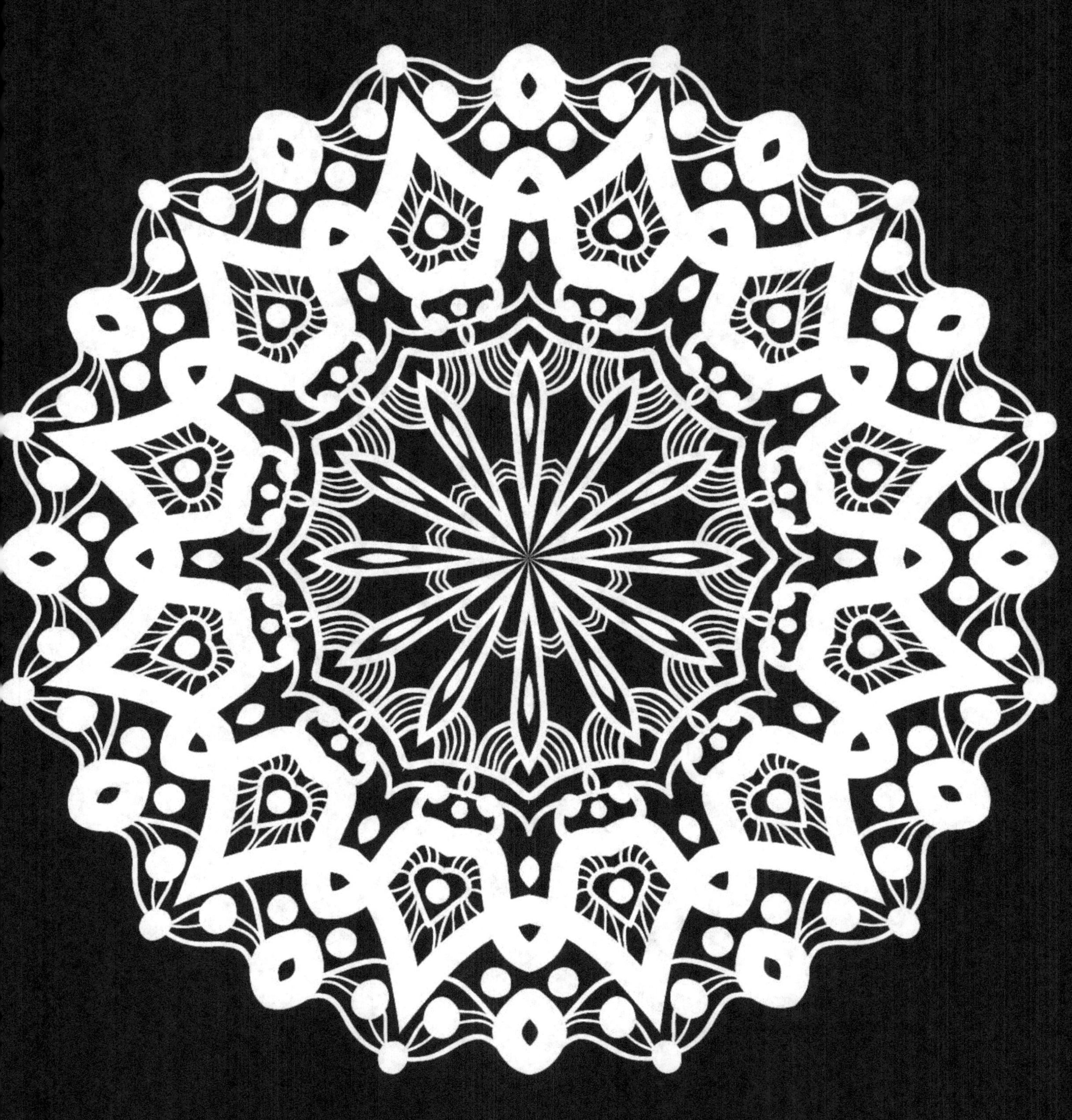

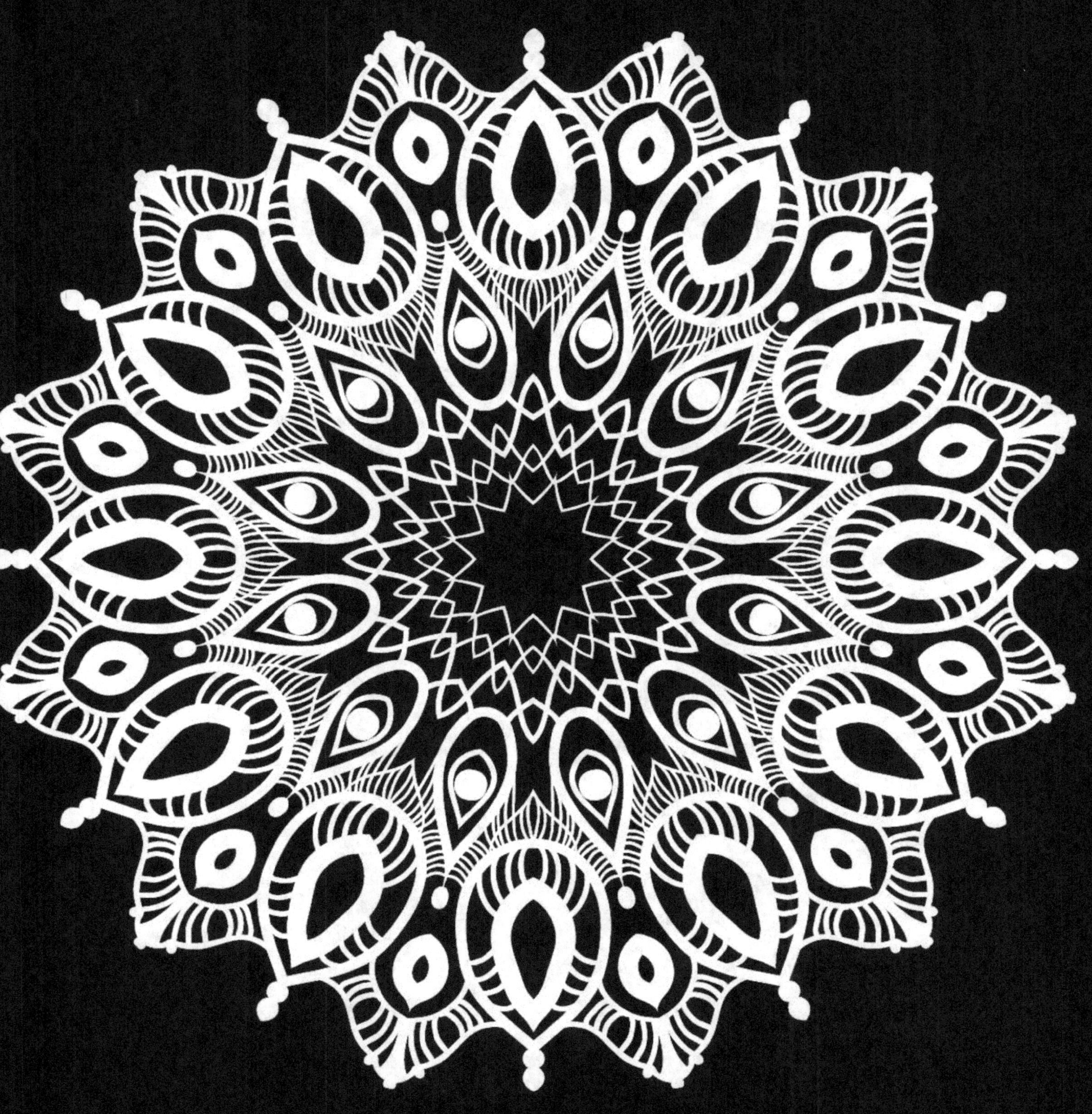

EDWARD RAMOS

www.facebook.com/eramos.ph

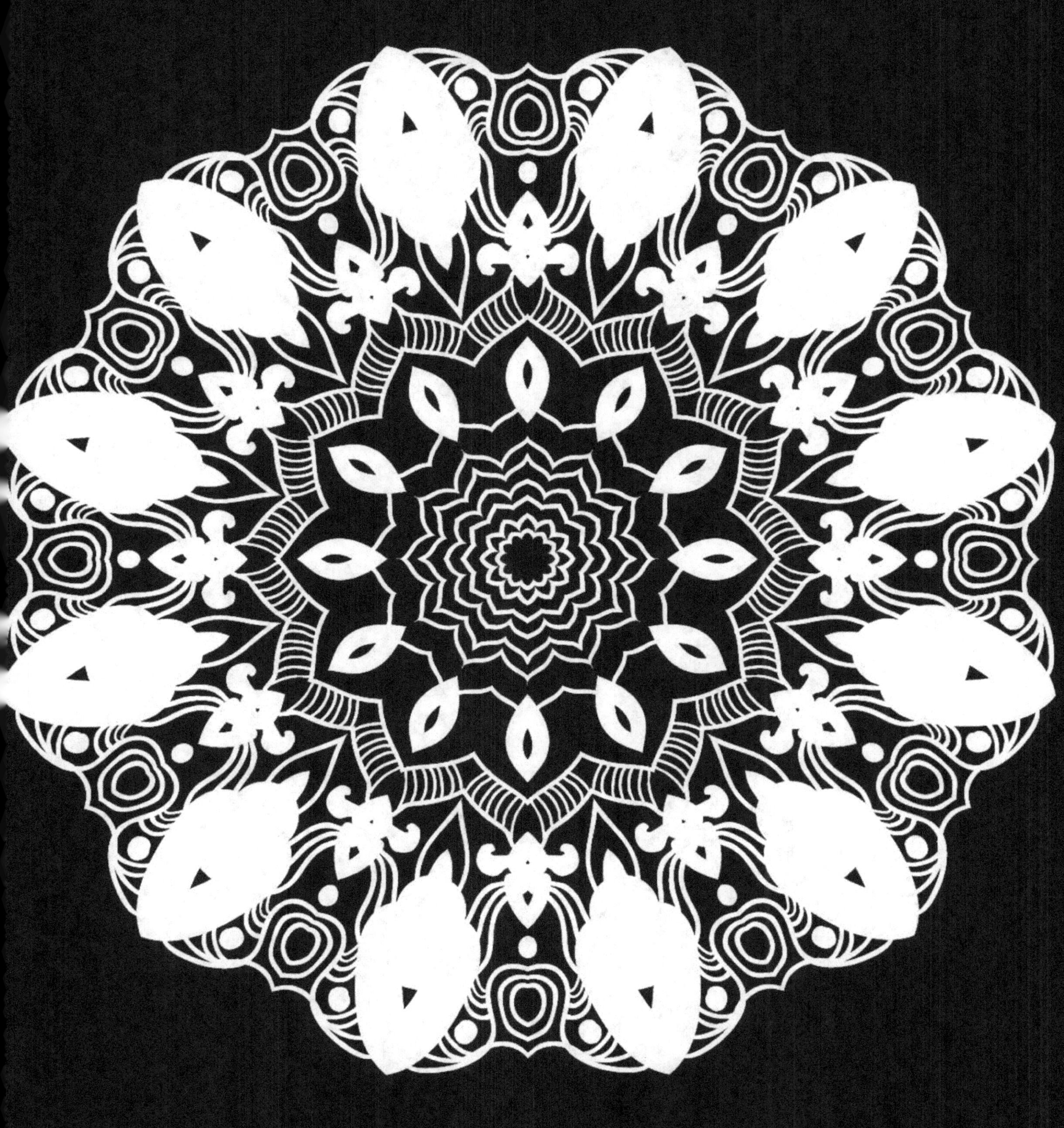

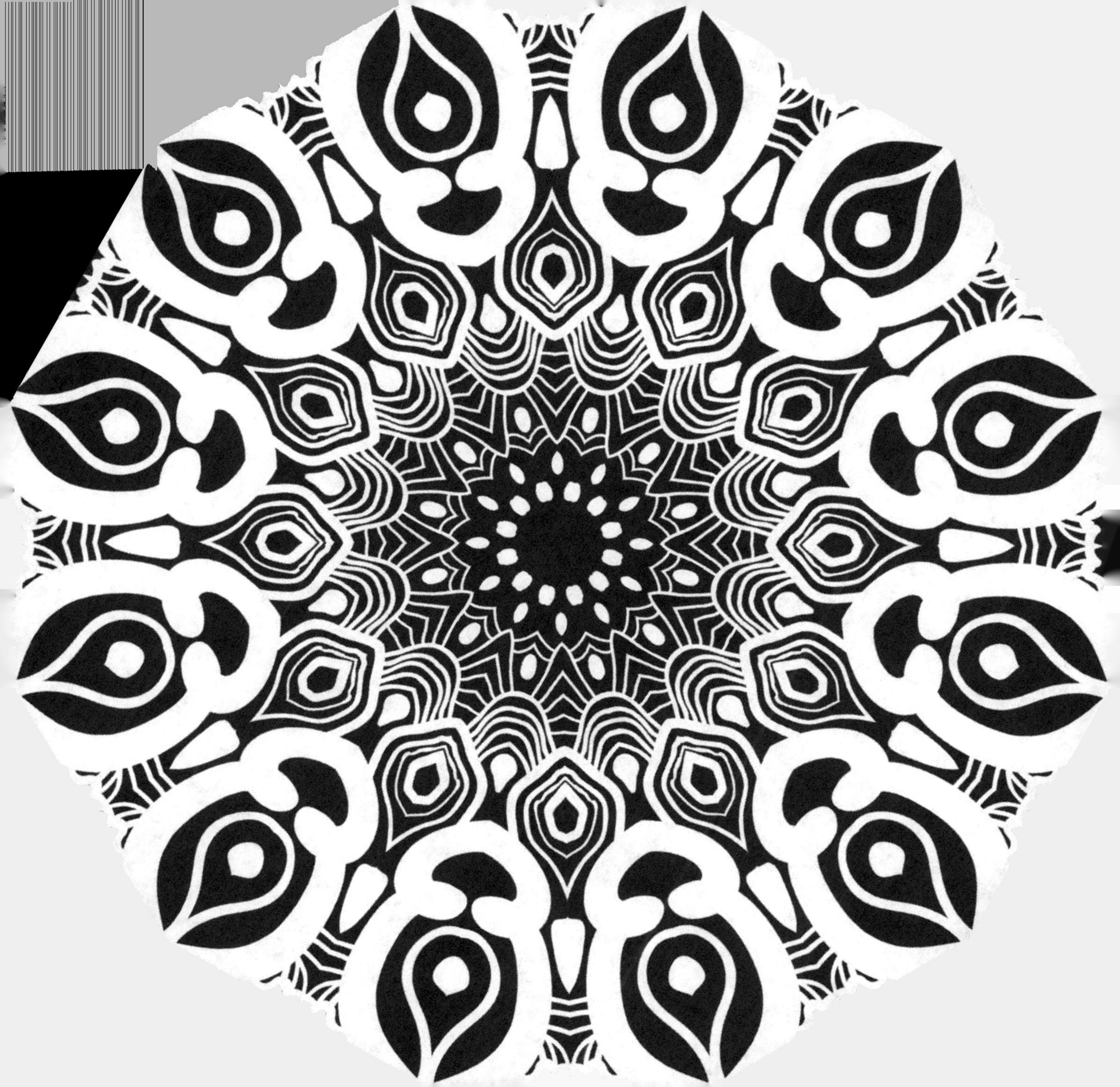

E D W A R D   R A M O S

www.facebook.com/eramos.ph

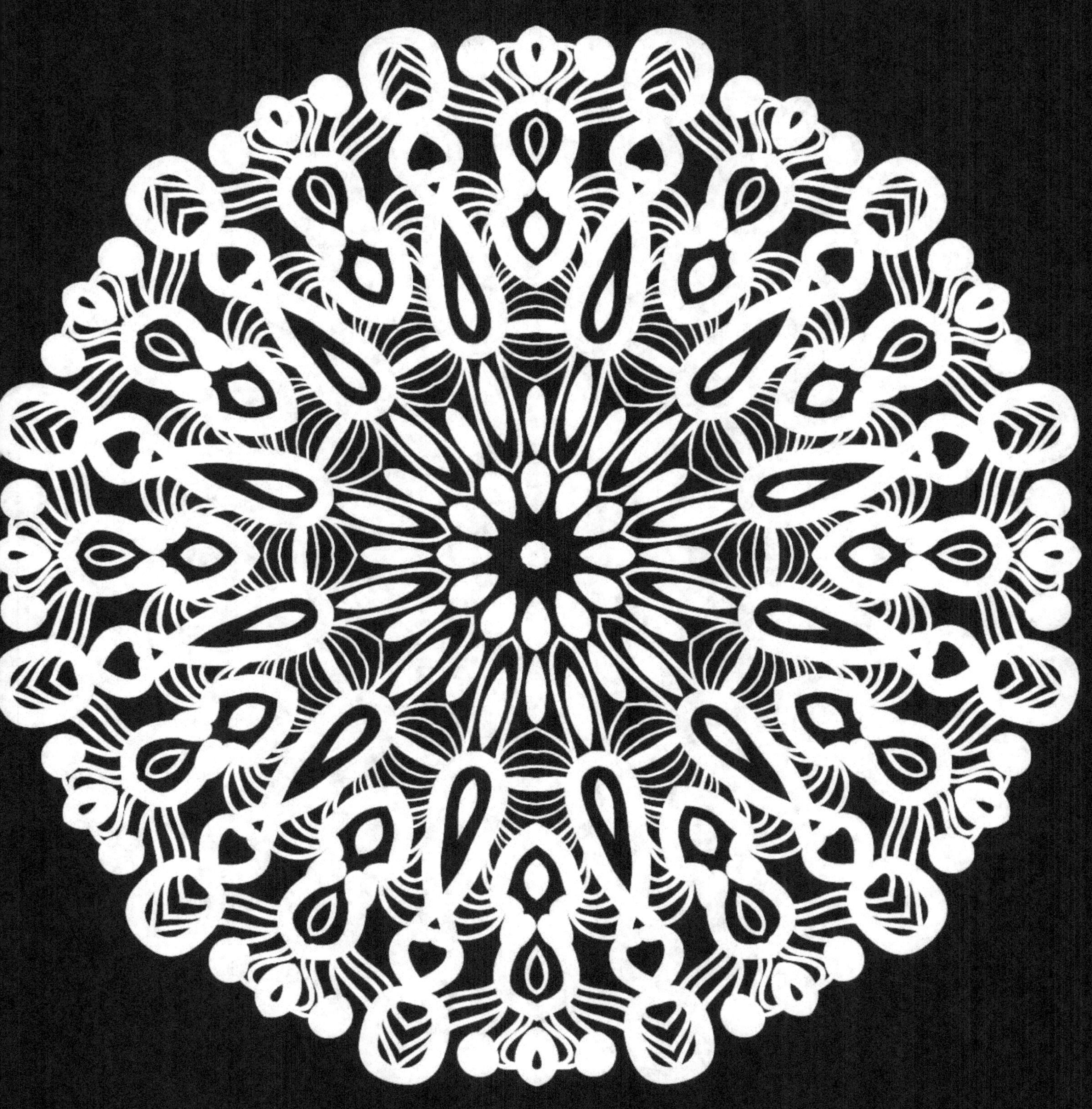

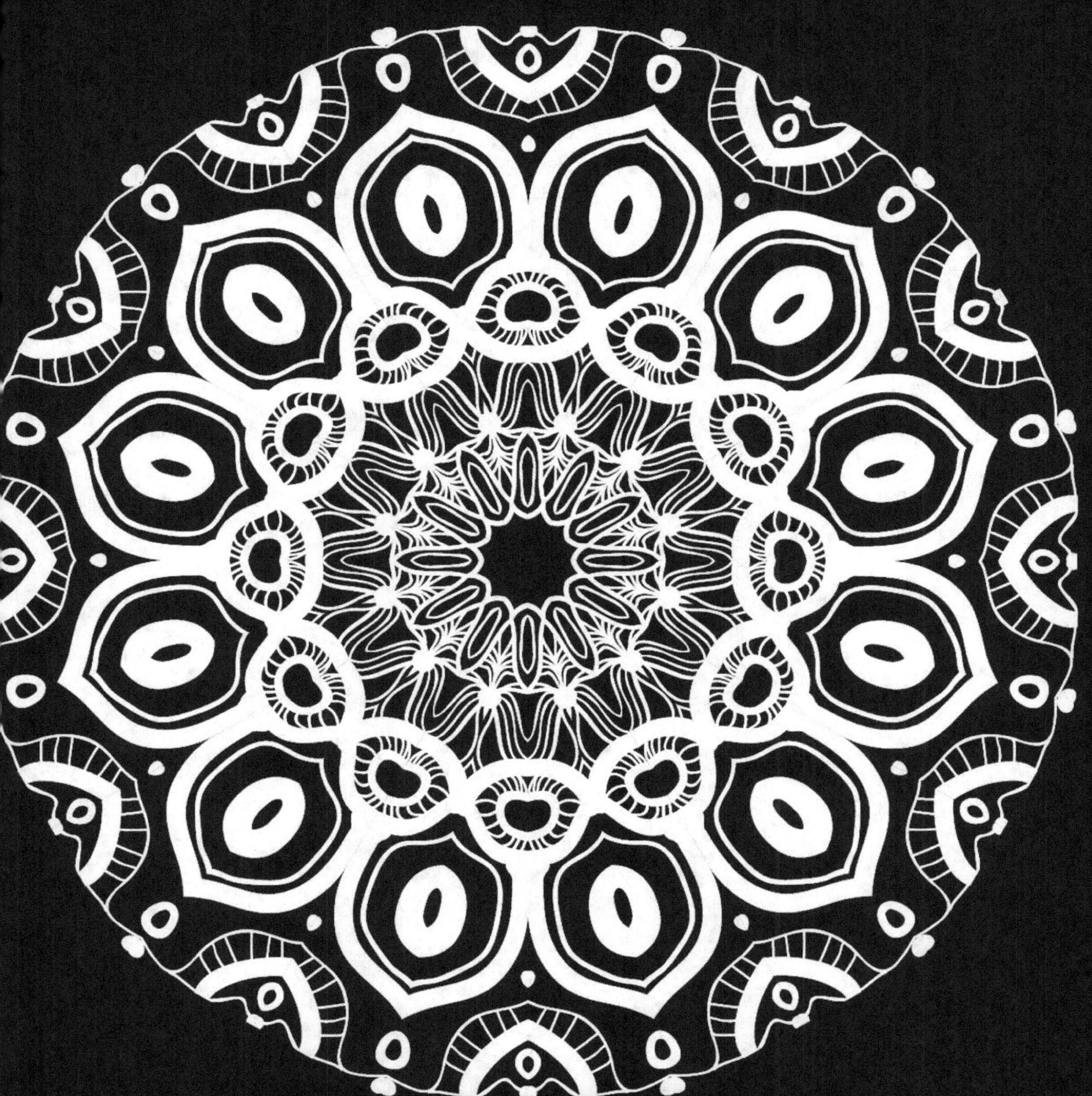

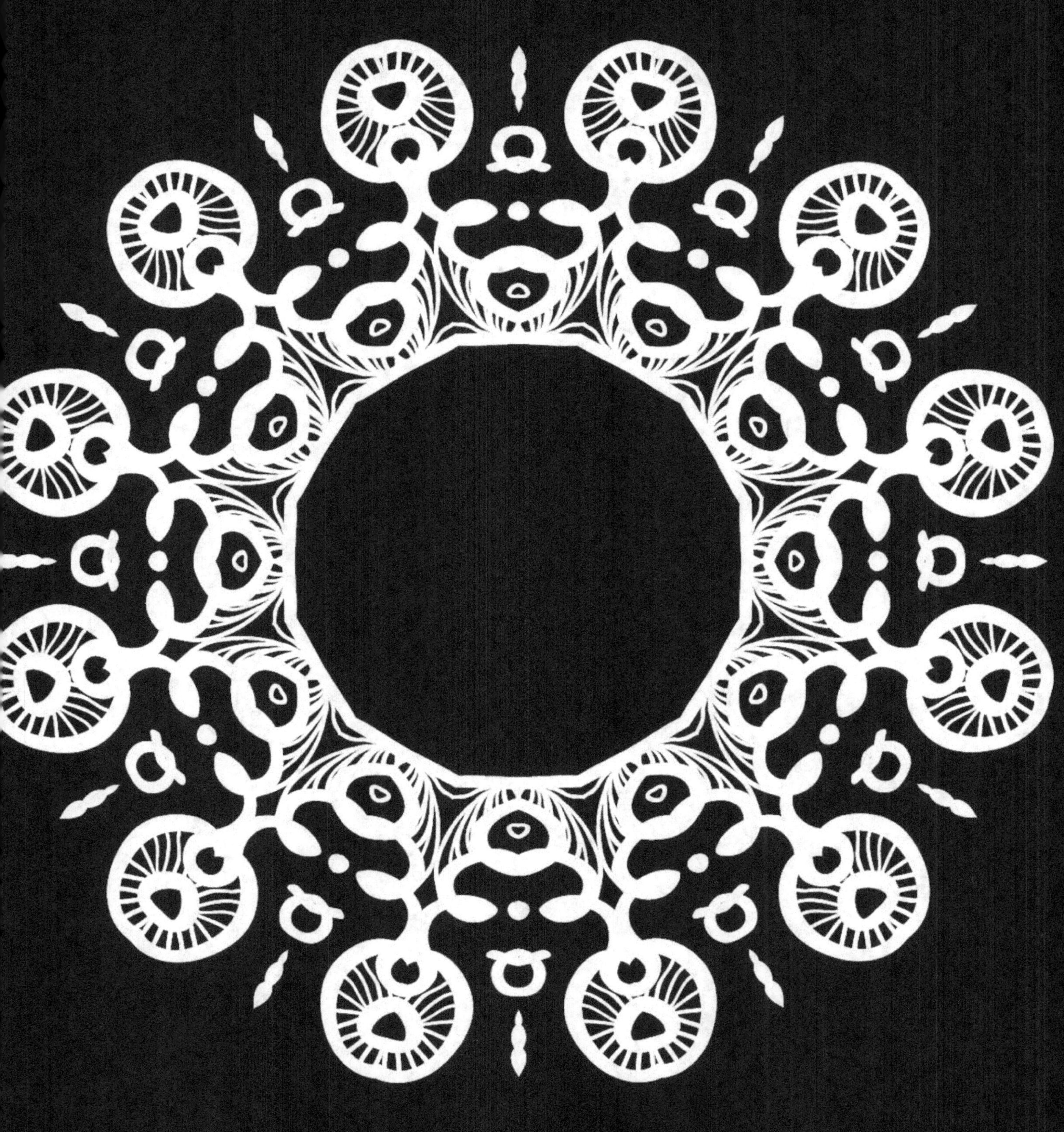